U0550524

當我們需要安慰

法國精神科醫師寫給這個世代的愛之語

克里斯多夫・安德烈 Christophe André 著

粘耿嘉 譯

獻給愛迪忒（Édith）

「灰燼僅能證明烈焰的存在。」

維克多・雨果（Victor Hugo），
《公辦葬禮》（*Les Enterrements civils*）

對安慰的深刻需求

我曾長期對安慰視而不見。身為一名精神科醫師，我不過是提供治療；身為一名作者，我不過是加以解釋並鼓勵；而作為一個人，我不過是給予撫慰。

某天，我得了重病，我想我的生命或許會比我預期更早結束。這並沒有使我感到焦慮，而是對厭世後的離世感到悲傷。這種悲傷並沒有讓我封閉自我，反而促使我更加仔細地觀察這個世界。如同所有面臨死亡威脅的人一樣，我發現人生是美好的。而且像其中許多人一樣，我發現我對於安慰抱有偌大的需求：在我極其脆弱的身心狀態下，光是一抹微笑、一聲鳥鳴、一絲善意或美好事物都能帶給我無盡的益處。

經住院治療返家後，我整理了一些文件（以防萬一……）。在整理精神病學相關的舊書準備送人時，我發現一個小書籤，是一位我以前在土魯斯（Toulouse）的患者所致贈，他是一個為煩擾所困、藥物成癮並患有雙相情感障礙的人，我非常喜歡他……他非常難以治療，病情也非常不容易穩定下來，不過即使他處於很糟的狀態，卻只想找我，且幾乎總是會回來看診。偶爾當他覺得自己太丟臉而不敢來見我時，就會消失一段時間。

那張書籤上寫著：「親愛的安德烈醫師，感謝您對我的耐心，以及在我與您相處時對我的莫大信任，菲利普（Philippe）。」菲利普*最終在我離開土魯斯一陣子後自殺了；這消息是他的伴侶告訴我的。

在那當下，我回想起我們的療程，自忖沒能把他醫好（確實是愛莫能助），但我不自覺中幾乎總是能夠安慰到他。

當我醫不好自己的患者時，有時會自問為何他們還是忠心耿耿回來找我，且無論如何對於我們的重逢似乎顯得很快樂。我自忖我要是他們，我可能會轉頭找別的醫師。當時，我對安慰視而不見，深信只有把患者治好才是一名好醫師。我還沒意識到，在科學和善意之外，我可以為患者帶來其他的幫助和安慰，例如溫柔、友愛、真誠、靈性……或許我在無意識中，至少在某種程度上，已經把這些給了他們。我專注於我無法做到的善舉（治癒），卻忽略了我所做的善舉（安慰）。

最終，儘管我抱病，人卻始終都在。死神曾把我抓去握在祂掌心，接著再把我放生。該如何解釋我並沒有從這段經歷中得到創傷和焦慮，而是獲得安撫且更快樂地活著？

也許是因為我發現了安慰，這不僅僅是一時的慰藉，而是一種與風暴共存的方式，一種情感的宣示，一首將我們重新與外界，與一整個世界，包括它的美好與困境，都連結在一起的溫柔歌曲。

它就像一條紅線，貫穿我們的整個人生，從出生到死亡。我們不斷地與它相伴，並需要它，即當我們是孩子時，安慰是開放性的，而當我們長大後，安慰則是隱密性的。

當現實無法修復時，安慰是我們所期望或所提供的一切。它是支撐我們的所有一切，暫時讓我們擺脫絕望和屈從，並輕柔地將生活的感受帶回給我們。

願這本書不僅僅是一本關於安慰的書，也是一本給予安慰的書。

＊本書所提及的人名均已經過修改。

我不知道
我們是否有辦法安慰你

你好，瑪麗（Marie），

在你如此痛苦的情況下認識你，我感到很遺憾。感謝你信任我們，向我們傾訴你的苦處。

我不知道我們是否有辦法安慰你。

安慰是非常困難的：我們無法修復任何事情，無法改變使人受苦的事情，我們知道我們的話只能帶來暫時的撫慰，甚至無法撫慰，有時甚至會讓人承受更多的苦。因為這些話顯得笨拙且無能為力，因為它們來得不是時候。

但我們不能覺得這樣就夠了，不能光說沒有什麼好講的，然後用這樣的遁詞來舒緩一名失去孩子的母親所承受的苦痛。所以，讓我來謙卑地告訴你，假如我也承受到與你同樣可怕的痛苦，我會努力做些什麼。

當我們遭苦痛吞噬，被它所帶來的一切漩渦所淹沒時（怨恨、絕望、內疚、恐懼、嫉妒、憤怒……），我覺得我們有兩個可以努力追隨的主要方向。

首先，我們應該盡量保持與外界的連結，不要將自己封閉起來，不要只專注於自己的痛苦和不幸。即使這個連結讓我們受苦，因為我們在這世上什麼都看不見，只見所愛的人已經缺席了，但漸漸地，這種連結會幫助我們慢慢地重拾生活。其次，給自己一個重拾生活的權利。露西（Lucie）依然從她所在之處愛著你，並且依然支持你。她將會讓你重新找回生活的感受，重新欣賞陽光和天空，欣賞盛開的花朵和笑顏如花的孩子，無論如何都會讓你展開笑顏。儘管悲傷永遠不會離開你，但它會漸漸地變得溫和，終有一天會給你帶來平靜。它會讓你回想起與露西共度的每一份幸福，不會讓你哭泣或嘆息，而只是讓你微笑，你會因為曾經擁有這樣一個女兒，她能說出如此美麗的話語，做出如此偉大的善舉，而能夠真正地感到開心，同時也會為在她身旁圍繞的幸福感到開心，還有為她曾如此熱愛生活而感到開心。

永遠不要忘記這些幸福，這是非常重要的；永遠不要驅散那些有時會籠罩這些幸福的悲傷和苦痛，就像雲朵會掩蔽陽光一樣，這也很重要。讓你的情緒自然流瀉，但絕不忘記要時常回想露西帶給你的所有喜悅，讓它們持續縈繞在你的心靈中。

此外也要睜眼看看，在你的日子裡，那些將會緩緩重現在你眼前的所有片片幸福，起初你可能還沒有注意到，就好像是在這條目前如此艱難痛苦的路徑上，開在路邊的花朵一樣。不要聽信那些要求你「好好服喪」的人（但也不要怨恨他們）：你將以自己的步調在這條路上向前邁進，沒有人可以強迫你走快一點，也沒有人能夠代替你往前行。慢慢來，但要遠眺，盡可能時常望著天空和星星。這不僅僅是一個意象，所以請確實地、經常地去凝視，同時要呼吸，想著露西，並對她微笑。

你在信中引用她的座右銘：「幸福在於使別人快樂」，這句話既簡單、慷慨又充滿智慧，直叫人讚嘆。你的女兒曾是如此非凡，直到今日仍是非凡無比。將她保存在你的心中，繼續與她對話，與她分享你今後在路途上遇到的所有美好事物。

請照顧好自己，我會一直思念著妳。

給你一個溫暖的擁抱。

僅致以友愛之情，克里斯多夫・安德烈

這封信寫給一位母親，她的女兒於二〇一五年在巴塔克蘭（Bataclan）劇院遭恐怖分子殺害。她為此寫信給我，當時我在巴黎聖安娜（Sainte-Anne）醫院服務。

目錄 CONTENTS

Part 3

能安慰我們的事物：重新建立連結

Part 4

安慰：他人

Part 5

接收安慰並接受安慰

Part 6

安慰的途徑

Part 7

絕望與安慰的遺產

Part 1

安慰

CONSOLATIONS

什麼是安慰？

安慰，即是希望減輕痛楚。

這句話所組成的字包括：

- 我們**希望**（卻永遠無法確定結果如何）
- **減輕**（卻不可能**消除**受苦的根源）
- 一種**痛楚**（意指所有造成情緒衝擊的困境）

安慰既是那些能夠給予安慰的事物（如親情、使我們分心的作為、娛樂我們的生活〔若困境不嚴重的話〕）也同時是一個進程，這過程使我們將痛楚轉化為痛楚的記憶，將劇痛轉化為隱隱作痛，將茫然不知所措轉化為理解，將孤獨轉化為與外界連結，將傷口轉化為傷疤……

更進一步詳細探究，我們可以說安慰即是：

・我們提供一切（言詞及舉動）予，
・一個受苦、經歷困境、痛楚及悲傷的人，
・以便於（當下）讓對方好過，減輕其苦，
・（長期上）並幫助其繼續過好生活。

撫慰（réconfort）與安慰（consolation）有何區別？撫慰是在當下抒解痛苦，此舉已是令人讚嘆且難能可貴。不過安慰的企圖往往更大、更高，時間上更為長遠。安慰比撫慰所涵蓋的更為廣泛，撫慰僅能達到部分且受限的作用。

撫慰可能同樣意圖使人更「堅強」（fort，正如其名所示），使人有所作為並重返社會，而安慰則針對受傷的人心，而非針對功效……由此觀之，撫慰可被理解為一種安慰的（珍貴）後果。也可以說撫慰是關注在作為之上更甚於關注在情緒上的一種安慰。

安慰並非尋求解決方案。其目標並非改變現實（即「解決方案」所能達成的效果），而是將受苦的感覺淡化。「獲得安慰」並非指透過救助而能夠扭轉情況或使人能夠改變情況這種嚴格意義上的「獲得幫助」。安慰不在於針對使人絕望的困境，而在於針對感到絕望的人，亦即安慰是提供內在而非外在的幫助。而當我們有所行動時，此刻的安慰僅提供一個次要的作用（但仍有其作用）。若有人跌倒，我把對方扶起身來（解決方案），而不是僅止於對方仍跌落在地時予以安慰。

不過把對方扶起後，我也是可以確認對方是否需要被安慰（視其害怕、羞赧、疼痛的狀態……）。

阿公跌倒了

我還記得我阿公第一次在我眼前跌倒的景象。我當時二十歲，已經是醫學院的學生。他在某人行道的愚蠢角落絆倒。我趕緊衝向他，想確認他是否有骨折，但是他已經正在起身當中，僅有些微擦傷。我擔心他身體有傷，但我馬上明白傷害是心理上的，即在眾目睽睽之下，像個小老頭般，在街上跌倒，尤其是在景仰他的孫子面前。所以我直覺最好的方式，是安慰他並把他對自己虛弱且脆弱的注意力，轉移到我的身上（「哎呀，阿公，你把我給嚇死了啦！」），轉移到人行道上（「他們真的瘋了，竟然還允許人行道有這樣的坑洞，很多人都會在這地方跌倒的」），轉移到他的鞋子上（「你應該穿運動鞋的，這樣腳會踩得更穩」）。在此刻安慰他，是要讓他擺脫虛弱臭名，而不要提醒他從今起就是個脆弱老人的事實。

安慰像是一種煉金術，有時過程相當神祕，有時無法確定結果，但是在我們即將探討的安慰進程中，幾乎總會牽連到不同程度、四個面向及不可或缺的四個A：

- **感情（Affection）**：即使不是最直接的，所有的安慰卻都是對於悲痛者的感情表達。
- **關注（Attention）**：能安慰我們的事物，會轉移我們對痛楚的注意力。即使只是暫時的、表面的、微不足道的，這效果都是有益的，因為任何苦難的暫停都會為受苦者帶來好處，讓受苦者得以鬆一口氣。
- **行動（Action）**：相較於言詞及建議，更多的經常是邀請對方採取行動，更理想的是，採取共同及一道參與的行動，如此可使受苦者重新回到生活的運作之中。
- **接受（Acceptation）**：接受遭遇困境的事實，不是要感到高興或屈服，而是承認這個困境已經發生。「接受」代表重建過程中不可或缺的一個步驟。不過，接受與其是正面給予的刺激所致，更是經安慰後的結果及所帶來的好處。接受是短期內的目標，安慰者該是心照不宣，溫柔地引導那些需要被安慰的人。

安慰之美

有些話會在我們內心滋長，因而比其他的話更為強烈，有些話吟詠如歌且欣然允諾，有些話如交響樂般能激發出群像及回憶。安慰也是一樣，它喚起童年及種種小悲傷，也喚起死亡及哀悼，以及一切人的痛苦；還有喚起所有伸出的援手、所有的擁抱，所有帶著情感與理解的舉動。

安慰是脆弱且不確定的

安慰意味著明白並接受我們的言詞只能不完美地減輕內心的痛楚；但同時也希望不要在孤獨中經歷這種痛楚，安慰是一種充滿愛的行為，即使有時無能為力。

當我們安慰時，我們可能不知道情況將會如何發展。有時，不確定性更大，甚而更為美好，因為我們可以在自己遭遇不幸時給予安慰。就像那些在囚犯或流放者之間互相安慰的故事，或者像所有身陷困境的人努力抒解親人的悲痛。在自身處於迷霧並感到畏懼之際給予安慰，這無疑是最令人動容的安慰：一名傷者給予另一名傷者安慰，一名受脅迫者給予另一名受脅迫者安慰，一名絕望者給予另一名絕望者安慰……

安慰似乎什麼事情都解決不了

這並不是一個問題，因為安慰並非物質上的幫助，它不需要力量或權力，即使我們處於（或我們感到）虛弱與無助，我們仍然可以提供安慰。因為除了其具體面向（言詞及舉動）外，它也是，且尤其是，一項非物質的方法，即一種存在，一種意圖，一種人性的分享。

「在物質層面上，我們只能給予我們所擁有的；在精神層面上，我們也可以給予我們所沒有的……」古斯塔夫．迪邦（Gustave Thibon）這席話提醒我們，安慰是一種方法，它的力量有時大部分是隱密而無形的。它提升一部分的靈性，亦即我們接觸生死、善惡之謎的精神面向。這是安慰與撫慰的另一種區別，後者更常專注於物質方面。為了撫慰某人，必須較此人更有力量；安慰則不然。

安慰是謙卑的，它知道自己的力量有限

它給予，它輕聲細語，它不高聲嚷嚷，它不是一種鼓舞；它謹慎，畢竟永遠不曉得內心的傷害有多深。也因此，它的言詞是溫柔且簡單的。

此外，提供安慰不是只有言詞而已。畢竟，安慰者和被安慰者之間的連結與過往的故事，所選的時間點，以及所選的用字遣詞，這些元素的整個交互作用才是重點。這些言詞必須簡單、清晰及明顯，因為痛苦會干擾聆聽（對於痛楚的人，我們不會妄議生活的理論），並且訴說以真誠與同情心。同時也要抱持謙遜之情，因為安慰者不以知識或經驗之名進行安慰，或許該服膺於知識與經驗，但要以愛或友愛之名行之。

簡單、謹慎：安慰的謙遜特質

在這個領域裡，確定性是不受歡迎的。在安慰的微妙煉金過程中，安慰者須溫柔，被安慰者須接受。雙方都必須要有耐心並抱持人性。必須有所懷疑，因為如果存在確定性（在絕望的人身上帶有憤怒或失望的確定性，在施予幫助與愛的人身上帶有必須要消除痛楚的確定性），則安慰就不再有施力的位置。必須要有缺口，必須要有裂縫，才能讓安慰的光灑入。

必須要有許多使我們無法理解的神祕事物，不過在所有這些迷霧中，我們無論如何，都應當努力安慰痛苦，因為對方就在那裡，帶著他的悲傷，有時是巨大且嚇人的，有時則是微小且令人困惑的。

真誠是否為安慰的必需要件？

換句話說，我們是否永遠不應該說出連我們自己都不相信的安慰言詞？這倒是未必：重點不在於要自己相信這些言詞，而是要相信它們可以帶來好處。安慰所試圖創造的是希望，是被安慰者擺脫悲傷與痛苦的確定性，而得以思量（僅僅是思量），繼續下去是值得的。安慰試圖重新建立起一點期望，雖然此期望並不明確，但此期望能減輕痛楚。期望是弱勢者與無助者的信心所在，如同我們在絕望中徘徊時的狀態，不再擁有力量與權力的人，依賴著信心以修復過去或構建未來。

為了安慰，我們所散發的真誠會是意圖的真誠，而不是確信的真誠。因此，有時我們會對一名瀕臨死亡者說出對方想聽到的話，對方會度過難關，會重拾人生，或許不久後，我們會如往昔般一同重新體驗生活與歡笑。這不是壞事，這是將愛置於絕望的情境中；我們無法代替對方受苦或死去，但我們可以盡力陪伴對方。

這不是謊言，而是瘋狂與無法實現的願望。在安慰中存在如此美麗而悲劇性的時刻。

痛楚越大，安慰需要越多時間來找到自己的出路

有時，唯獨在幾年後，我們才會再次想起曾經安慰過我們並讓我們重新上路的一段言詞，一個舉動。而有時，某些安慰的字詞彷彿真言一般，這些簡短的咒語，旨在保護我們或幫助我們，我們自己會加以複誦使自己沉浸其中。

我記得有患者告訴我，我的安慰言詞（通常是來到門口與他們道別前說出口的），如何作為他們穿越亂流的通行證，就像一個具有魔力的護身符，得以應對困境。我注意到，這些安慰的字句鮮少是技術性的建議，更常見的是普通的撫慰言語，任誰都可以對他們說出同樣的話；但在適當的時刻以簡單與真誠的方式表達，其效果遠遠超過字面本身。

安慰言詞的生命週期有四個階段：

・被說出與被聽到的階段。

・被思考與反覆被思考的階段。
・從被安慰者的意識中消失，但持續其修復與有益的階段。
・最後一個階段，是它嵌入了被安慰者的記憶深處，置於回憶與資源的寶盒中，這些回憶與資源會確定（在我們有所懷疑時）生活是值得的，且困境是可以跨越的。

起初，安慰的效果時而微不足道

安慰似乎只能微弱轉移注意力；它在某段時間有點作用，接著悲傷和悲痛慢慢回來，一種無法安慰的感覺不停襲來。

起初，痛楚總是帶著這個感觸，總是一再回來，後面還帶來沮喪。這就是為什麼安慰最好不是一時的支持行為，而是長期的陪伴。我們都知道，喪親者在最初時由眾多親友圍繞在側，之後經常會變得太過孤獨；其他初期提供安慰的人，已經開始將喪親者遺忘，忘了他們也忘了他們的痛楚。這是正常的，每個人都受自己生活的召喚；但安慰的需求永遠存在。

哲學家安德烈・孔特－斯蓬維爾（André Comte-Sponville）於其精彩的論說文〈傷心欲絕者〉（L'Inconsolable）中寫道：「安慰的哲學，總是必要的，但卻總是不足……」是的，正是如此：沒有安慰，痛楚會淹沒我們；有了安慰，痛楚仍在，但它不會把我們淹沒，我們感到自己或許還能夠堅持下去。

安慰不是一種神奇的修復，它像一道映入晦暗的光，讓我們能夠瞥見一個輪廓依舊模糊但可能適合生活的未來世界，一個單純適合生活的未來世界。

再經過兩次的春天才將它重新繪上花朵

自從你不在的那時起，這片歷經兩次冬天的荒涼田野便失去了它的綠袍，再經過兩次的春天才將它重新繪上花朵，但無論任何言語都無法安慰它的痛苦，理智和流逝的時間也無法止住它的淚水。

馬萊伯（Malherbe）。

《達蒙的陰影》（*Aux ombres de Damon*）

Part 2

何謂不幸

DÉSOLATIONS

當我們還是小孩子的時候，我們的悲傷是瞬間的，即強烈、絕對，且很快就能得到安慰。

隨著年紀稍長，我們開始體驗到持久的悲傷，內心的痛苦，但我們仍然是孩子：即使受傷，面對失敗、拒絕、不公和困境，我們很快就能被生活和生活中的喜悅所安慰。

接著我們離開了童年，進入了青少年期，逐漸發現成年人的悲傷、自尊和理想的傷害，但我們還沒有足夠的心理資源去應對必然承受的苦痛。

最後，我們發現了無可挽回的事情，即那些沒有解藥，只得喚來安慰的事情。這將是我們一生的課題，也就是面對無止境可能產生的絕望，我們必須加以抵抗，且對另一種同樣是無止境的事物，亦即幸福的時刻保持敏銳，並懂得在我們每次跌倒時，接納第三種無止境的事物，亦即安慰，以利我們重新振作起來。

人的境遇中三個不可避免的事情

談論幸福通常是很複雜的：對許多人來說，這是一個有點天真的話題，甚至是愚蠢的，而追求幸福則是擁有特權者才能享受到的。對於我這個精神科醫師來說，情況絕非如此：在我職業生涯中與不幸的人們相伴使我深信，趨向幸福是一個明智的好主意。

當我以正向心理學主題授課或參與研討會，解釋我們為什麼需要幸福時，我的開場白經常是如此：「我們將會受苦，變老，然後死去。我們所愛的人也會經歷這樣的過程，他們會受苦，變老，然後死去。這就是人生！」接著我保持沉默。室內陷入一片充滿焦慮的寂靜：「我們來錯場了嗎？」

隨後我解釋，「無法否認，這就是人生。但幸運的是，人生不僅僅是如此而已。因為人生也是幸福的，所有的幸福時刻將會使我們寬心並帶來安慰，且使我們感到振奮，它幫助我們理解到，儘管承受了苦痛、時光的流逝、預期我們的消逝，人生是美好的，度過人生是一種恩賜，而經歷過後是一種幸運。

以各種形式出現的幸福，會幫助我們面對人生中的困難，我稱之為人生中「三個不可避免的事情」：苦痛、衰老及死亡。這三個不可避免的事情使我們人類成為一個「靈魂痛楚的共同體」。

即使我們的人生是美好的，即使我們的身體健康，且生活在承平時的國家，這三個不可避免的事情也遲早會出現在我們人生的旅途中；這印證了我們有安慰的需求。

因為我們將會受苦，所以需要安慰

對於我們大多數人來說，往往不必承受巨大的苦痛。然而，即使是小小的困難也可能變得令人焦躁不安，這會在我們的心靈當中積累，若從外表來看是難以察覺的，因為它們似乎是源源不斷。這時我們可以咬緊牙關，尋找解方、協助，有時甚至可能會求助於藥物和治療（有何不可）。但即使有這些外部的支持，這些困境往往還是會給我們的人生帶來額外的負擔。

然而，造成苦痛和絕望的主要推手仍然是疾病和殘疾。任何一個人，無論是為了自己還是為了身旁所愛的人，當其從診間被告知有嚴重、致命、惡化、不治之症後而走出來時，都會經歷這些奇怪的孤獨時刻：我們走在街上，但我們不再像交錯而過的其他路人那樣；他們還處在生龍活虎和無憂無慮的世界裡，而我們已經與那些將要受苦、將要死去的人為伍。

當疾病呈現慢性狀態時，嚴重的疾病將使人生活在惡化徵兆及可能復發的威脅下，並將每次為「控制」病情的醫學檢驗都轉化成決定生或死的樂透抽獎。它強迫人們不斷地為輕鬆和自由而奮鬥：每天都別去想它，每天都別去自我檢查，每天都別去和其他人、和健康的人去比較，而這些人似乎連自己擁有莫大的幸運都不自知且無從理解。

疾病有時也會迫使人們去對抗不切實際的期望，即一廂情願自認已經痊癒，但通常隨之而來的是又復發或經醫學檢驗後證實，不，其實這疾患一直都在，甚至這疾患本身，還有它給一個充滿努力與擔憂的人生帶來致命打擊，都是悄然無聲的。有時疾病會導致殘疾、喪失，這迫使人們活在被不斷提醒的限制當中，且還要抵抗持續比較（與過去、與其他人）的誘惑。

基於這一切，患者需經長期的長時間安慰。遺忘與否認是不夠的，在無法消除疾患的日子裡，我們將需要逐漸培養日常的微安慰文化，並且盡我們所能致力於「隨日而安」的簡單哲學。

衡量我們力量的標準是充滿困難的單一日子，而不是充滿苦痛或束縛的十日、百日或者是永無止境的這般前景；因為畢竟我們人生中會浮現出眾多「永恆感受」的時刻，無論是好是壞，這些都是巨大的幸福和巨大的苦痛所造成。「隨日而安」既是一種行動哲學（「我專注於此時此地我能做的事情」），也是一種希望哲學（「沒有人知道明天會發生什麼好事」）。希望本身可以帶來安慰，因為它讓我們從預期將會有困擾的想法中鬆懈下來，並能讓當下的幸福觸手可及。我不曉得是誰寫下了「Prenez soin des heures, les jours prendront soin d'eux-mêmes」（顧好時間，日子就會好起來）這句格言，但它與我們的論點不謀而合：踏實於當下，對往後懷抱信心。

黎明的安慰

任何經歷嚴重疾病的人都知道夜晚有多麼令人感到憂心。由於活動和互動變得稀少或中斷，苦痛和擔憂佔據了患者的整個心思。我們有時候不敢求助；而有時候，若我們獨自一人在家，就無從獲得支持；所以我們等待黎明，等看到白天來臨後終能鬆懈，因為它帶來微安慰、人氣、照料、微笑及簡單的對話。我記得一名住院的友人曾告訴我，他對於清晨時再次聽到護理人員在走廊上高聲說話，以及從窗戶觀察街上的行人，是如何感到歡喜：「我知道我還是抱病，苦痛仍將繼續，天亮了我的困擾也不會消失，但我不再感到獨立於世：隨著黎明的到來，生活的運作和噪音也跟著回來，這比夜裡的靜止和寂靜更讓我感到安慰。一如《浮士德》（*Faust*）中歌德（Goethe）的佳句所言：「為了痊癒，要對重生的白天充滿信心……」

因為我們將會變老，所以需要安慰

變老，表示所擁有的回憶和遺憾比未來和人生計畫更多。隨著身體越來越像一艘舊船，它所能講述的故事就變得越發感人，但同時也因為不斷修修補補，以及因為遭遇過無數風暴或僅僅是經歷長時間的航行而變得更加脆弱。此時就需要好好照顧它，知道其極限為何，別再進行過長的航程；且絕不讓它停滯不前，在港口或乾船塢中損壞，否則將很快就會……

許多對於衰老的觀點和陳述都很負面。例如，古斯塔夫．迪邦的觀點令人感到焦慮：「極度衰老，亦即不再有生氣的生命與尚未成為不朽的死亡之間，一塊必須跨越的沼澤地，這是一段停滯且喪失一切變化的期間。」但也有令人感到安慰和會心一笑的觀點，比如伍迪．艾倫（Woody Allen）這句如珠的妙語：「衰老卻也是迄今為止，所能找到最好的不死方式。」

這讓我想起了一名讀者，某天她在一場簽書會上問我：「擁有老人的身體卻帶著一顆年輕的心，這種感覺該叫做什麼？」我對於這種感覺心知肚明，我相信全人類都深有體會，我回答道：「這叫做幸運！比起身體還是年輕人，但卻覺得自己已經老了要好得多！」

但衰老並不是真正的一種幸運，它只是各種一系列的喪失，差別在於速度和是否可見而已。沒必要強迫自己說出好話來慰藉自己！讓我們盡可能沉著地接受它，提醒自己越上年紀就越可以讓我們經歷美好的事物，並希望還有一些美好的事物等待我們去發現！

就我所知，繼續好好活著，是對衰老的悲傷（無論是恬淡的還是撕心裂肺的）最美好的安慰。回到我們一開始的論述，快樂的老去可能就意味著放下遺憾，保留人生計畫，珍惜回憶，不再擔心未來，只要盡力去書寫好人生的篇章。

你散發出一身優雅的氣息

這是一對年輕時曾彼此相愛的男女。生活將他們分開了，但他們偶爾還是會互相寄給對方一些深情的小訊息，當他們的生活艱難時，他們相互支持。有一天，她寫了這一段話給他：「昨天，我在街上遇到了一位非常英俊的老紳士，他走路時小心翼翼，但走得很直，目光高遠，他身上散發出一股脆弱感，但也同時充滿了一種沉著和自信。我立刻想到了你，覺得某天當你像他一般年紀時，你也會像他一樣。想到時間在我們的臉上、在我們的身體上留下痕跡，就覺得非常感動。看到美能夠抵擋歲月便感到寬慰，這是真正的美。人們常常帶著些許溺愛和謊言來談論老人的美。但這個美確實存在。每次偶爾再見到你，我都有這種感覺。感覺我們在變老，但某種優雅的東西仍然存在。

因為我們將會死去，所以需要安慰

有時候，想到我們只是因為還活著就必須安慰自己，便覺得好笑。因為還活著就意味著必將死去。而生而為人，很早便知道我們是會死去的，並且時常會或一直會想著這件事。

人類是由神或大自然計畫性地淘汰，我們有必要得到安慰。

我們在前面提過，人生就是出生、受苦、死亡。這三件事中的任何一件都沒得選擇。我們一有了意識，就知道我們就將會受苦和死亡。我們只能弄清楚如何應對！也因此，就算我們處在幸福之中，我們仍時常會有絕望的誘惑也就不足為奇了。正如瑪麗・諾埃爾（Marie Noël）的這首詩中所寫的：

「逃吧！幸福不過就是痛楚的開始。當幸福降臨這世上，其實正是由痛苦引領而來。四月剛踏出一步，遠處的冬天就往前一步；生命向死亡敞開大門，黎明帶來黑夜。」

這些心靈的振動一路伴隨著我們的人生：受幸福誘惑，接著意識到幸福的脆弱性；受絕望誘惑，接著意識到絕望的荒謬性。因此進一步尋求安慰。最終，活著就需要不斷獲得微安慰，有時甚至是需要預防性的安慰。我們人生中簡單時刻的美與善均有待發掘。這是何以我們總是要盡微小的努力，讓自己被這個世界的溫柔加以撫慰，以應對我們內心中隨時都會湧現的一切悲傷。

而這也是何以沉浸在大自然如此普遍的撫慰中，不僅是對複雜人生的逃避，也是一種深層的安慰，它讓人回歸於根源與本質，回歸於「感覺還活著」的那種絕對且無敵的簡樸。

瑪麗・諾埃爾對此也寫下這段安慰我們，且應該也有安慰到她自己的詩句：

「我在不知不覺中活著，一如草的生長，早晨、白天、晚上都在苔蘚上輪轉。」

服喪帶來的絕望

「一切事物都可能獲得安全保障，但是因為死亡，我們人類住在一座沒有城牆的城市。」這些話出自哲學家伊比鳩魯（Epicure）口中，與人們普遍的觀點相反，他並不是教授如何享樂的藝術，而是如何面對痛苦和死亡的藝術。誠然，我們自己面臨死亡的威脅，但我們在這裡談論別人的死亡，以及有時候可能給我們帶來安慰的事情。

活著就是失去。而長壽意味著經常會失去：經歷許多喪禮，目送許多我們周圍的人、親人、熟人、名人離世。人生中有許多喪禮。因此，有許多悲傷、哀愁及絕望，這些情緒會將我們人的生命一撕為二，分成之前的我和之後的我。我們在未來或許會修補這個裂痕，或許別人甚至不會注意到，但對我們來說，它將永遠存在。

有些人的離世幾乎是不聲不響的，如住同一層樓或同一社區的鄰居；死神去隔壁家敲門，帶走的人不是我們；至少這次是如此。還有一種是無名氏的離世，我們可以從鄰近教堂的喪鐘聲、在宗教場所前的人群聚集、靈車的經過中猜測到。這一切都是正常的，但這一切都會使我們動搖。

作為見證舊日情懷的朋友死了，作為見證我們青春的明星死了：這些悲傷令我們衰老，但我們倖存了下來；簡言之，我們的零散回憶開始聚集成一個我們逐漸瞥見結局的故事，並逐漸比我們的人生計畫更顯重要。

我們將要面對更多的死亡，而且會更加痛苦：配偶、父母、祖父母、親人的死亡。每一次，我們人生的一部分都崩塌和消失了，隨之而來的是對壽命的脆弱幻想，而非長生不死（人類自知難逃一死，但希望能長命百歲）。

然後，還有最痛苦的一種，就是孩童的死亡，這衝擊殊難想像和理解。當服喪陷入極大悲傷的時候，當一個非常親近和深愛的人死亡的時候，就會出現虛無的誘惑，以作為絕望的解方：「好像世界末日，但可惜又不是整個世界的末日。雖然是還好，但終究是世界末日。不需要睜開雙眼，讓心跳重新開始，重新站起來……」於是安慰似乎是不可能的。受到絕望的影響，服喪者感到自己無法被安慰，並且通常會想要保持現狀，以表忠誠。他們無法從悲傷中恢復過來，因為康復意味著背叛。

該怎麼辦呢？此時，安慰就像是一個耐心的工程，將服喪者從痛楚的牢籠中解脫出來，並宣洩其痛苦。有沒有像給予臨終者的安寧照護一樣，存在一種安慰性質的「同情協議」（protocole compassionnel）？亦即只要待在那裡，藉由轉移注意力、對最糟的事情加以防範、防止情況惡化或自殺，並期待某事發生，來舒緩所造成的部分苦痛。在這種同情的緩和治療中，當面對一項不可能的任務時，不轉身迴避，例如安慰已失去孩子，或因不治之症而即將失去孩子的父母。因為確定且即將到來的死亡有時對他們來說更糟糕，不但是一種長時間且緩慢的苦痛、或憤怒、或不解等情緒的爆發，也是一種長時間且緩慢的自我控制的習題。

「千萬別把其他孩子看成是幸運兒，就算再淘氣、再任性的孩子都不能如此看待。特別是這樣的孩子，他們的本性與此無涉，他們和所有的孩子沒有兩樣。」對於這些極度脆弱的父母，我們當然只能提供我們的陪伴和言語，而絕非強加給他們。這就是安朵芬・朱莉昂（Anne-Dauphine Julliand）所講述的故事，她有兩個女兒，當她在其中一個女兒的病榻旁（她已得知將不久人世），一名護理師走近她，只說了聲：「有我在。」這是最簡單的三個字，她甚至可以什麼都不說，然後，她什麼也沒做，就這麼一語不發待在身旁。

面對哀痛者，安慰永遠不是為了消除痛楚，而是為了使其足堪承受，使其不至於完全失去活著的意願。我們不對哀痛者說「別哭」，而是說「哭吧，盡情流淚，我會在這裡陪著你」。

化痛楚為遺產

我其中一個女兒向我談到她祖父（也就是我的父親）的死，她告訴我她將永遠無法被安慰，她看不出來當我們所愛的人離世時，能怎麼安慰：「每當有人提到他，我就會流淚。」我試著向她解釋，這不是說不再有痛楚，而是在已逝者的回憶湧現時，不要讓自己被困在這樣的痛楚中；接受它，但不要停留在那裡，也不要逃避，要不帶痛楚繼續前行；穿過悲傷的帷幕，走向快樂的回憶，記得已逝者為我們帶來、傳遞及留下的一切。將痛楚轉化為遺產。每當我的女兒們提到她們非常喜愛的祖父離世而帶給她們的憂傷時，我看到了交織在一起的悲傷和喜悅，他為她們留下數以百計的快樂回憶，這就是她們餘生的寶藏。安慰永遠不會消除痛楚，只會增添幸福、溫柔。

一旦他們感覺到時機成熟，經驗豐富的治療師會毫不猶豫地讓服喪者長時間談論已逝去的人。我的同行兼友人克里斯多福．佛瑞（Christophe Fauré）似乎一種讓人感到不安的方式提出這個奇怪的問題：「你失去了誰呢？」患者嚇了一跳：「可是你明明就知道，我已經告訴過你了，是我的女兒（或者我的丈夫，我的父親等等）呀！」接著他解釋說：「我知道，但是當我說『誰』的時候，我是指『這個人生前是怎麼樣的一個人，他（她）的特質，他（她）的黑暗面？你們的關係如何？』是的，告訴我你究竟失去了誰。」這種用言語表達的做法會引發許多情緒和苦痛，但也會逐漸讓內心平靜下來；我們之後會再談到這個問題。

世界上的暴行與瘋狂

一名行動不便的乞丐，一名在街上撞到障礙物的盲人，一隻跛行的狗，「這讓我感到十分痛楚」孩子們這麼說，他們自然而然地為生物（無論是人還是動物）的苦痛而感到惆悵。然後隨著時間的推移，他們開始學會自我保護。他們學會了往別處看，或者想著其他事情，以免不斷被路上的不幸所困擾。但是當他們還很小的時候，他們不知道如何轉移目光或保持沉默，卻發出了令我們感到不安的驚訝和同情之詞，打擾了我們既聾且盲的舒適，及我們對痛苦情感的節制。他們提醒著我們實情與真理。

人生往往是艱難的，而世界是不公平且瘋狂的，這是老生常談，一個如此明顯的真理，說出來似乎毫無意義。但即使被我們的心靈所隱藏，這個真理對我們的影響仍然是持續而強大的。為了不要忘記這個真理並知道該怎麼做，不僅要把它說出來，也要具體名之。

事實上，困難之處在於這個「該怎麼做？」當中。當然，如果可以的話，我們應該採取行動。有些人，像是行動家、人道主義者，選擇將他們的人生奉獻給這個目標。但即使採取行動，這一切也永遠不會解決，苦痛、暴行及不公平將永遠存在。

面對世界上的暴行，除了採取行動外，我們還需要安慰，我們需要安慰受傷的人，且換成我們自己受傷時，我們也需要被安慰。

在絕望的感受中有悲傷，這種情緒使我們蜷縮起來，遠離對外的連結與行動。但不光是感到悲傷的人，還有感到害怕的人需要被平復，還有感到憤怒的人需要被安撫，還有感到羞愧的人需要被撫慰，還有感到嫉妒的人需要被開導……每一次都需要某種形式的安慰。因為在每一股痛苦的情緒之後，都有一種悲痛的軌跡，事情的發生遠不如預期，而我們又是如此脆弱和無助。

安慰可以讓我們重新獲得行動的能量，我們將目光投向正常運作的事物，以及好的方面，有時這會減輕不幸。雖然這會減輕不幸，但不會消除它。我們的生活就是這樣往前邁進，帶著不幸微微跛行並帶著幸福而快步奔馳。而人生並不是平均得來的，一邊是悲劇，另一邊是恩典，這並不意味著人生「平均起來可以接受」，人生就只是人生。如果我的腳放進烤爐裡，而我的頭在冷凍庫裡，我並不是平均起來處在適溫中，而是我有兩個問題要解決。人生就是這樣，絕望和安慰不會相互抵消，而是彼此衝突後相互交替。

然後當我們狀況不太好時，我們必須相信還有一種無形的安慰，所有我們看不見的，所有我們不知道的，但這些卻能讓這個世界適合生活，甚至是美好的。電影《隱藏的人生》

（*Une vie cachée*），描述一名對抗納粹主義，生活單純的奧地利農夫的生與死，在它的片頭名單中如此寫道：「假如事情對你或對我都沒有變得像可能發生的那樣糟糕，那我們在很大程度上得感謝那些忠實地過著隱藏人生的人，還有那些長眠於已無人聞問的墳墓的人。」

當我們看到我們感到絕望的事物時，不要忘記還有更多我們看不見的東西，而其中有許多是美好的。這並不是為了補償、平衡或抵消。世界上某處的恐怖、貧困、不公義，永遠不會被另一處的喜悅、美好、純潔所洗刷、補償、抹除。但是這些喜悅、美好、純潔幫助我們不要陷入絕對絕望的苦澀或失望中。它們指引我們努力的方向，也展示出生活可能的樣貌。

總有更糟糕的情況……

在二〇二〇年初的 COVID 疫情期間，大多數西方國家對其人口實施了相當嚴格的封城措施，直到疫苗被研發出來。這使疫情獲得控制，從醫學角度來看是有利的，特別是對於最脆弱的群體，即老年人。但是封城對年輕人造成了心理上的不利影響，他們被剝奪了學習、運動、社交等活動，因此陷入了在螢幕、無所事事和無聊的困境中。他們的心理問題（抑鬱、焦慮、自殺企圖、濫用藥物等）明顯增加。

許多專家和評論家當時談論了「犧牲的一代」，暗示我們沒有足夠重視年輕人的心理需求，而是將重點放在了老年人（合理的）醫療需求上。這引發了一場辯論，因為對於一些人來說，「犧牲的一代」這用詞過於誇飾，應該保留給那些曾遭受極端暴力和剝奪，例如在兩次世界大戰期間，或是當今世界上正在發生的無數衝突的年輕人。

這種論述從絕對的角度來看是正確的，無論我們遭遇了什麼絕望的事情，總是會有更糟糕的情況存在。那麼，我們該如何是好呢？是該說沒有必要感到沮喪，因此也沒有必要安慰和行動？還是承認人類的大腦並不是這樣運作的，即我們不會依據問題在絕對意義上的嚴重程度來做出反應，而是以相對嚴重的程度來做出反應。假如我生活在一個大多數人都可以使用中央暖氣和熱水的社會中，那麼由於一次故障而無法使用，或者知道因為經濟條件不佳而無法使用這些設備的人，可能會讓我感到沮喪。儘管如此，如果我把自己和過去的人以及當今世上的大多數人相比，中央暖氣和熱水顯然是我可以不用而不抱怨的奢侈品。

當然，有一些**絕對的**絕望，如死亡、暴力、貧困。還有一些**相對的**絕望：所有尋常的困境及日常生活中的困擾。這些相對的困境也會影響我們，比我們自己預料的還多。這些相對的困境不是要我們排除安慰，就只是鼓勵我們要有相對適度的安慰，表達悲傷並尋求幫助是可取的，但不要誇大，安慰他人時也不要加油添醋。

尋常的困境

有些困境是潛在的，沒有傷害，也沒有明顯的後遺症，它們不會直接或立即影響我們和我們周遭親友或他人的健康，即我們撐過了這些不幸的困境，而我們雖然外表沒事，但內心卻受到撼動。

雖然沒死半個人，但仍令人難過……

其他考驗可能更為猛烈。在物質方面，包括房屋失火，入室行竊等，或是在人際關係方面，包括遭受暴力、羞辱、攻擊、家庭衝突、離婚、不忠及分居、因愛情所造成的悲傷、將年邁的父母安置在照護年長者住宿機構（EHPAD）或舊稱的安養院等，還有職業傷害，包括失敗、裁員、失業等。

在這些時刻，縱如人們所云「又沒死半個人」，我們卻明顯感受到了絕望，因為幸福遠離，成了一個遙遠的展望或想法。我有一名醫師同事，正在經歷痛苦和衝突的離婚過程，她告訴我：「我們向來都不太確定自己是否幸福或單純只是沉靜；但是我們毫不猶豫就能確定自己身處不幸。」心碎不單只是內心平靜的反面，後者只會讓我們的人生更加美好，而前者似乎對人生造成了致命打擊。

然而，即使這些尋常的困境是複雜的，這也是因為我們為一些看不見的東西，或者是別人難以估量的東西而受苦，我們因眾多日常的微小哀痛而感到痛楚，成千上百的細節，對他人來說是看不見的，但它們提醒著我們，我們失去了人生中的一個支撐點。比如當我們失去一隻狗或一隻貓時，痛楚就像一座冰山，它潛藏的部分比其他人所感受到的更巨大。而且還有點令人感到羞愧，即當人類經歷過悲慘的一生後無止境地死去，而一隻終生都快樂的動物死去時，該如何表達對安慰的需求？

從表面上看，都不嚴重……

還有一些困境從表面上看是輕微的情況：一名學生考試失敗，一名青少年情感斷裂。從外表來看，這些只是普通的失望。但誰知道它們會留下什麼疤痕？或者它們會重新掀開什麼樣的傷口？當我們觀察到對現實的這些輕微擦傷產生不成比例的絕望反應時，不要妄加評斷，這可能是過去曾經受過其他傷害，而這次的考驗只是喚醒了那些創傷。它所帶來的也是撫慰，以避免未來的傷害，因為無法被安慰的失敗之痛會成為對行動的恐懼根源，畏懼失敗會再度發生，因為一個看似平凡的情感斷裂，可能預示著往後要在安全中再度去愛會更加困難。

在這種情況下，安慰的作用不是修復已經破碎的東西，而是幫助應對往後的考驗及將來的不確定性。要好好安慰，就不應該判斷絕望是否合理，而只是努力讓那些嘆息、哭泣或尋求幫助的人得到舒緩。即使是在看似微小的悲傷時，我們永遠無法全然了解一個哭泣者的過去。

一堆小毛病

當蒙田（Montaigne）談到「一堆小毛病」（La tourbe des menus maux）時，他指的是一種不斷面對煩惱和障礙的感覺。這是為憂鬱所苦的人常有的感覺，由於他們失樂（anhédonie，無法感受到快樂）而喪失幸福所帶來的力量和生命衝力（élan vital）。

但在我們人生中的某些時刻，責任和困境也可能會交織在一起。蒙田善加描述了這種可能發生的敏感化現象，就像過敏反應一樣：「最微弱的障礙同時也是最尖銳的。正如細小的字母更容易使眼睛感到刺激和疲勞一樣，小事情也更容易刺痛我們。單一的暴行即使再大，一堆小毛病還是較其更具侵害性。隨著這些煩心事如棘刺般越發密集與尖銳，它們就扎得越深，而且在沒有威脅的情況下，使我們更容易突然感到意外。」再往下讀，他寫出這樣一行佳句：「人生本柔順，只是易受擾。」

某個夏夜的悲傷

某個夏夜，我搭乘從巴斯克地區（Pays basque）前往土魯斯的火車。夜幕柔和並帶金黃，晚霞將所有的綠色調灑落在樹木和草地上。庇里牛斯山（Pyrénées）出現在遠方，沾上粉紅色澤的灰色山頂展現出宏偉的景色。我意識到死亡終究會來臨，有一天自然會來剝奪我欣賞這些美妙的時刻。但奇怪的是，我一點也不擔憂，只有像層薄紗般微微的一絲悲傷。我可以微笑著把它打散（這並不總是那麼容易，但此時我可以做到），打電話給我所愛的人（不告訴他們我需要被安慰，單純只是聽到對方的聲音會讓我覺得好過），或者轉移注意力到我剛剛經歷的，或者是將來會經歷的愉快時刻。但我並沒有這麼做，我決定讓這種既無威脅性也無惡意的微弱悲傷在我心中浮動。它讓此刻變得更加美好、更加重要、更加深刻、更加濃密。它讓此刻更好、更強烈。此刻我並不需要接受多大的安慰，因為我只是有些疲憊，帶點微恙，以及人生中——持續且堅韌的一整個人生中，諸多普通的不確定性。我真切、深刻地感受到自己是個凡人，不單只是表現在理智上，這是一種冷靜而強烈的感覺，一種全然的感受，類似於一種確信，而不是一種思考。然而，我卻感到平靜。這是否與火車的運行，以及慢慢使我平靜下來，宛如一首生命搖籃曲的天空與風景的流動有關？是否與晚霞及其永恆的感受有關？在那一刻，我碰觸到了安慰的本質，什麼也沒解決，但被當下擁入懷中讓我獲得安撫與滿足。

人生的租金

這些微小困境的持續性，被稱為「人生的考驗」（épreuves de la vie）。它們既不令人感到羞愧，也並非異常，我們甚至應該有所預料，將其列入考量，例如當我們必須搭火車或飛機時，要考量到前往火車站或機場途中的意外情況。

最簡單、最有用的人生智慧，如先前所提到的，就是將困境視為人生的租金，並接受現實，即使這個現實使人不適與受苦。這可以建立在一些不那麼恢弘的小小真言上：「這會讓你煩惱，但這是正常的」、「不要抱怨，行動起來，微笑，等待這一切過去……」這些對自己說的話，算是安慰之詞嗎？在某種程度上是的，我覺得是這樣，這些話是在鼓勵我們不要從痛楚中滑落到抱怨中，也是在輕聲告訴我們：「你並不是唯一經歷這些的人，這並不是一場悲劇，你會挺過來的，而且你會忘記這一切；你知道的，不是嗎？」

在某些認知療法（thérapie cognitive）的時刻，治療師會如此要求他的焦慮症患者進行一個簡單的練習，亦即對他們的痛楚、煩憂及擔憂分級，在困境程度上給予0到100的級分。在這個程度上，100級分代表絕對的困境，例如一個孩子的死亡；1到10級分之間則代表較微小的困境，例如弄壞某件物品。按照這種奇特的算術，往往能夠重新校正自己痛楚的強度，並且能夠稍微減低一些痛楚。

另一個類似性質的練習方式是，想像一個讓我們目前感到很煩惱的事情，但在一個月後、一年後，甚至臨終時所帶來的衝擊為何。我們還會認為它還是那麼糟糕嗎？首先，光是想「臨終臥榻時的練習」就能夠讓我們冷靜下來，然後它會讓我們繼續沉澱思考，到最後，有時就會帶給我們安慰。

沒來由的悲傷

說不上來的沮喪、惱怒及悲傷，比看起來更難安慰。人們常常採取兩種態度來應對，一種是訴諸行動，並希望在人生的道路上會出現出乎意料的撫慰，靜待這些負面情緒消失；另一種是告訴自己絕不會有沒來由的悲傷。並自問這種沒有緣由，從而無法被安慰的虛空，是否來自一種也無法讓我們快樂的生活，來自一個沒有煩惱但也沒有歡樂的灰暗人生，來自一個逐漸受物質主義和功利主義，缺乏理想與精神所苦的人生？一個花了太多時間在記帳和採買，而沒有足夠時間仰望閃爍的星空或欣賞青草生長的人生。

我覺得有種狀況是存在的，就是在某些痛楚的靈魂中，無法擺脫這些憂鬱。這些憂愁，到最後會比喪親更加重壓在命運之上。喪親雖然是一種巨大的痛苦，至少還對安慰和重生敞開一扇大門。但是對於無意識中，或是沉默中失去對生活的品味所造成的緩慢窒息狀態，則連開門打招呼的機會都沒有。

還有那些似乎該帶來幸福的事情，那些令人高興的事情卻也會讓我們受苦，我們稱之為「幸福事件的悲傷」（le chagrin des événements heureux），例如結束學業、換工作，搬家並離開我們喜愛和仍然喜愛的地方、人及活動；看著自己的孩子長大並離開家；看著仍然健在的父母邁向高齡。即使人生過程充滿幸福，悲傷也佔有一席之地。

最後，還有那些擔憂、焦慮的人所擁有的幸福，這樣的幸福需要安慰，因為他們開始意識到這種幸福的脆弱性，並開始感覺到它將會消失。他們才剛在餐桌前就坐，就已經在想著用餐結束。很難說他們有錯，因為他們確實也沒錯，幸福終將溜走。唯一剩下的就是安慰，那種沉浸於當下的安慰，享受眼前一切的能力。

我記得某天和我一位幾乎從焦慮中康復的患者閒聊。她跟我坦承一開始時，她的大腦雖然因當下的感受而獲得安撫，這是她在治療過程中學到並推敲出來的（「在多慮前好好享受這份幸福，即使你知道它會消失」），但接著又開始被其他的思緒干擾（「即使幸福總是會回來，即使它的消失總是伴隨著再次出現，但你，在某一天也會永遠消失」）。我們的焦慮有時似乎無法平息，而「我們對安慰的需求，無法滿足」。這就是她所關注的焦點。我們註定要一直保持呼吸，因為我們一直需要氧氣；同樣地，我們也註定要一直被安慰，因為人生會不斷傷害我們，直到生命終結的那一天。我們會感到絕望是因為人生艱辛，必然會終結於死亡，而我們會需要安慰是因為人生也是美好的，而它終結於來世的神祕中。我記得這名患者之後又告訴我，她一生中總是會在每次動身去旅行時感到一點焦慮，無論是去度假還是去度週末都一樣。但她也注意到了一件事，雖然每次她都會對離開所在地感到擔憂，但同時又很開心能到達目的地。她還慧黠地補充說道：「我希望我的最後一次旅行也是如此！無論如何，每當我對死亡的恐懼再次出現時，我經常會告訴自己：『我會對離世感到難過，但如果我的【旅程法則】適用的話，我會為能夠抵達彼端而感到開心！』」

我們絕望的連續性

我們是否能在極端之間建立一種連續性？比如在微小和巨大的絕望之間？或是在沮喪和服喪的絕望之間？這似乎有些不合適，但在浩瀚的絕望領域中，我認為存在著一種相對的連續性，儘管它令人感到訝異。

假如我們很脆弱，一個簡單的沮喪可能會讓我們感到一陣短暫而強烈的絕望，例如我們遺失了一個我們喜愛的物品，與親人爭吵，錯過了一班火車或飛機……我記得有一位生性脆弱的朋友，打破了她已故父親給她的一個美麗的茶壺，她向我透露說，在發現茶壺損壞無法修復時，她在好幾分鐘內感到偌大的絕望。這當然不是什麼大不了的事，而且苦惱也不會持久，但當下及一段時間內，會產生強烈的絕望感。

在這些不成比例的苦惱中，我們可以找到全然悲痛的兩個成分，即孤獨感（在日常用語中，用來描述尷尬的時刻，社交上的窘狀，我們這個時代會稱之為「絕妙的孤獨時刻」〔grand moment de solitude〕）與無法挽回的感覺。

作家法蘭西斯．史考特．費茲傑羅（Francis Scott Fitzgerald）在有關自己抑鬱主題的自傳散文《崩潰》（*La Fêlure*）中，描述了一個微小的事件如何會讓人產生想死的念頭：「凌晨三點，一個被遺忘的包裹變得和死刑一樣慘重。」

有時候微不足道的絕望會嵌入到劇烈的絕望中，例如咽喉炎或蛀牙、車子故障或行政上的繁文縟節、受癌症所苦或服喪，此時大不幸並不會使我們免受小不幸的困擾。

要把人生過好，可能會激勵我們為困境做好準備，至少應該有所預期。這將會產生第一個效益，即激勵我們珍惜每一個沒有困難的時刻，並睜眼體察我們何等幸運。而第二個效益同樣有利，這會幫助我們在困境出現時，不浪費更多時間抱怨不公。我們只會說：「真糟糕，現在要逆風前行了」，接著我們便盡力應對。這是一廂情願吧？確實如此。但是否認的態度（不去考慮到困境，只希望它永遠不會到來）也是一種一廂情願。每個人都根據自己人生不同時刻的能耐來做出選擇。

我記得有一名患者，她自行採取了我在治療過程中所見過最奇怪的一種方式，由於她是一名從抑鬱中康復的焦慮重症患者，某天她把未來可能發生的所有災難事件列出一張清單，例如失去一個孩子、她的伴侶、一位親人；生病（她列出另外一份清單，上面是已經影響到她家人的疾病或是她害怕的疾病）；失去工作……這一整張紙寫得密密麻麻（「醫生，我還沒有把全部都列出來呢！」）。我從來不敢要求她自己去想像所有這些災難事件，尤其是當她獨自一人在家，而我不在她身邊時。

但這張清單給她帶來好處：「您知道嗎？把這些都寫在紙上讓我整個放鬆下來。我告訴自己，不是因為我把這些寫出來了，之後就會發生在我身上。儘管我還是無法承受所有這些不幸的事情！這些只是可能發生在任何人身上的事情，不光是我而已。而且，就目前來說，我很幸運，我只需要把我的抑鬱症治好，還有面對其他普通的困擾，如此而已。」

我們絕望的機制

因此，我們的絕望存在一種相對的連續性，它們之間存在著或遠或近的聯繫。它們的機制也有相似之處。

所有的絕望，無論大小，都像是把平靜的人生突然打斷，這個人生每天都充滿來日的希望，錯過每個機會都沒有什麼大不了的，因為總會有明天和更多的機會來彌補。然而不幸突然闖入我們井然有序的人生，把我們從小小的舒適中拉了出來，把毫無防備的我們丟到舒適圈外。當下變得令人憂心，而下一刻也是如此。當日子安靜時，所有的例行公事顯然都是一種封閉，但當日子出現狂風暴雨時，它們又是一種寬慰。當安全性和可預測性遭困境剝奪時，我們就會感到失落。

在處於服喪或重大考驗的絕望中時，我們就好像被彈射到另一個維度。我們不再像其他人那樣，他們在原有的世界，那是個正常且幸福俯拾即是的世界；而我們被驅逐到另一個冷漠且沒有美夢的宇宙之中。我們身處於灰色地帶，介於死者的世界和活者的世界之間，身處於一個一切都失去意義的**中間世界**（**intermonde**）。會有種感覺是所有的困境都在此刻湧入我們的人生中，正如莎士比亞的警句所云：「地獄是空的，所有的惡魔都在我們這裡。」

在服喪時，這段時間內的苦痛已不再首當其衝，彷彿它正在喘息，有時也會浮現出一種空虛感，並對人生感到困難，對因應日常生活而調整的所有小小努力都感到困難。有一位服喪的患者向我吐露說：「我們並不總是在受苦，但我們從未感到舒適。」前述中的法蘭西斯・史考特・費茲傑羅完美描述了這些時刻的一千零一種崩潰，例如「必須保持在努力無用感和奮鬥必要感之間的平衡」、「像把箭從虛無射向虛無般維持自我」、「即使對親人的愛也會變成嘗試去愛」。這時就類似於陣陣抑鬱性的悲痛，類似於一種過程中令我們瀕臨崩潰的經歷；這是一種危險且令人心力交瘁的經歷，若不加以留意，它就會持續下去且再也無法擺脫。

再者，這些絕望的機制伴隨著一連串的喪失：

・無法將沉靜與未來加以連結（「將來會獲得沉靜，並能夠生活下去」）且喪失未能體驗到的種種可能性。

・喪失感到快樂的能力，結果過去的痛苦又折返，因為幸福扮演著反氣旋的角色，能把過去罩頂的哀愁烏雲予以驅散。

・理所當然喪失放鬆、無憂無慮的能力。

・喪失對人生與世界的信心。

・喪失我們的美夢。

最後一種喪失也許是我們絕望中最令人感到心酸的部分，它揭示了我們的幸福建立在許多美夢之上，而這沒有其他的生成方式。因此，需要時間和努力振作起來，並建立一種新的人生哲學，即接受美夢只是美夢，但仍然享受美夢。試圖像孩子一樣，他們知道聖誕老人或小老鼠不存在，但在他們的認知中，他們繼續假裝相信，因為這樣人生會更美好。

總之在困境中，我們莫忘本體論（ontologie）的一項真理，即我們的孤獨。沒人可以替我們活，也沒人可以替我們受苦或受死。

無法置信後的頭幾個清晨

我經常聽到那些服喪、意外受創傷或被診斷出患有重症的人描述，在事件發生後有非常特別的時刻，他們醒來時會經歷一個短暫的迷惘：「在我的配偶離世之前，在罹患癌症之前，在車禍之前，我還置身在過往的世界裡嗎？」但很快，這個幻想就會消散：「不，我已經置身在後來的世界，一個我曾以為是穩定、有所得、持久、值得的一切，如今都已經永遠破碎、粉碎、失去的世界。我置身在一個新的世界，一個東西被打破就無法修復的世界，一個我只能接受安慰的世界。而在這一刻，有什麼能夠安慰我呢？」

我們絕望帶來的危險及無法被安慰的風險

在「不幸」的後果中，我們首先想到的是抑鬱，這是一種病態、延續、內化的絕望，逐漸對任何安慰都變得麻木。因此，有所謂的「反應性」（réactionnel）抑鬱，它是由痛苦的人生事件所引起。精神科醫師們一直在尋找界線，一邊是對困境所產生溫和且可理解的抑鬱反應，只消加以監督和陪伴即可，另一方面則是需要積極治療的病態反應。這一條界線可能在於能否獲得撫慰，因為當所有形式的安慰都持續無效時，便可視為一個嚴重的徵兆。

但絕望最常見的風險或許是苦澀感。它可能源於一種不公的感受：「我又沒有做壞事，我甚至已經盡了最大的努力，但困境卻找上了我。」這種感覺在與這方面有關的患者中很常見，我們稱之為「積極型的健康」（santé active），這些患者致力參與了所有為保持健康而進行的「健康促進」（hygiène de vie）活動，卻還是生病了，即使他們已經盡了最大努力過著健康的生活，例如一名從不吸菸的女子罹患肺癌、一名只吃有機食物的男子罹患白血病。

他們怎麼可能不去想：「為什麼是我？」他們怎麼可能不對那些沒有意識到自己有多

幸運，或者受到強健基因保護的幸運兒感到心酸呢？

對於許多陷入絕望中的人來說，苦澀感和不斷對那些沒受過苦的人感到怨忿是有毒的，有必要加以對抗。例如，失去孩子的父母，他們遇到其他所有後代都健在且身體健康的父母。在無意和無知的情況下，健康和未受苦的人冒犯並傷害了那些悲切的人。

我記得有一名年長的女士與和她年紀相仿的鄰居相處得很好，她仰賴他們所提供的許多小惠，但對於他們強健的身體狀態和幸福的婚姻，她感到嫉妒且有時感到惱怒，因為她自己是個喪偶且遭受到多發性癌症打擊的人。

另一個危險是對自己感到怨忿所造成，有時候我們會因為繼續承受痛苦卻無法擺脫而感到憤怒。於是我們開始指責自己，就像是一種過度苦痛的自體免疫疾病，進而把所有的精力都轉向自我毀滅，而不是尋求安慰。

伊拉斯謨（Érasme）有句格言提醒我們：「Cor ne edito」，意思是「別吃你自己的心」。如今我們可以這麼說：「別糾結在心裡」。如果我們在無助的痛楚中激發出來的本能反應，是先安撫自己而不是責備自己，是先尋求安慰而不是追究責任，那我們可能會避免許多苦痛。

還有一種誘惑是沉溺於絕望中。為什麼有時候我們會被那些最終會帶給我們傷害的事情所吸引，例如抱怨、怨忿、悲傷？或許因為剛開始時這些會讓我們好過，就像上癮一樣。或許因為我們無意間認為，正是我們的抱怨會引來撫慰和安慰。又或許只是因為我們屈服於悲傷固有的軟弱及它所帶來的危險舒緩，因為悲傷中存在一種讓我們一開始感到確實舒緩的放任、放手、放棄為人生奮鬥等一連串行動的傾向。但是這有時會導致我們拒絕安慰，因為安慰會干擾我們與自己的對話，且當自己正處於命定的苦痛和晦暗信念（本該是截然相反的命運）時，會干擾我們沉溺在如此的荒謬安逸中。

我們對安慰的需求

我們剛剛一起經歷的這一連串的困境，在我們脆弱的時候可能會讓我們感到非常洩氣，而在我們堅強的時候可能會過度傷心。我當然不希望讓人感到洩氣或誇大其詞。只是要讓大家睜眼去看清整個人生的呼吸律動，是由絕望和安慰所交替。

沒有人應該被孤單留在痛楚中。有一天我讀到這樣一個微不足道卻可怕的說法，提到「離開時誰也不會想念的那些人」。這讓我想到了獨自坐在公園長椅上或地鐵走道上哭泣的人，沒有人來安慰他們，或沒人敢來安慰他們，我幾乎找不到比這更悲痛、更孤獨的景象了。

當我太過於關注新聞，當我為我們人類的某些行為感到氣餒時，讓我感到撫慰和好過的，是想到美好的安慰人鏈，即給予安慰，接收安慰，在社會中傳遞安慰。我想到那些善男善女，想到所有那些安慰的幕後英雄。給予和接收撫慰的恆常流動，以暗中、隱密、沉靜的謙卑之姿，幫助每個人群堅持下去。沒有安慰，沒有面對悲痛時的善意表達，沒有同情的舉動及言語，世界將是不幸、嚴酷，且令人感到窒息的。面對令我們感到絕望，以及令他人感到絕望的事物，我們應該要安慰而不是悲嘆。

因為安慰是對於現時（它能舒緩）及對未來（它讓我們瞥見絕望不會一直綿延的另一個未來）的療方。或許甚至是對於過去的療方，今日的安慰可以撫平昨日所有未經安慰的痛楚，就像愛一樣。美好的愛可以在一天之內安慰所有過去經年累月中蹣跚而痛苦的愛。而我們將會看到，安慰是愛的其中一種面貌。

他告訴我們這一切都已經結束

他讓我們坐下，要求我們把手放在桌上。
他把我們的四隻手，握在他的手裡。
然後他抬起目光，眼中噙著淚水，
告訴我們這一切都已經結束。

洛荷・阿德勒（*Laure Adler*），
講述醫師告訴她和丈夫，他們的兒子即將離世的揪心時刻。

Part 3

能安慰我們的事物：重新建立連結

CE QUI NOUS CONSOLE : LES REMISES EN LIEN

那些處於絕望狀態下，卻直覺知道轉往何處的人是幸福的。長久以來，我都無法辦到，每次悲傷時，除了受苦外，都還會迷失方向。而如今我深信，學會了解什麼會安慰我們是一種極其寶貴的人生智慧。

蒙田在談到他漫長的歐洲之旅時說道：「我知道我在逃避什麼，但不知道我在尋找什麼。」因此，在人生中，我們希望逃避絕望，但我們並不是一向都知道安慰在哪裡。然而答案卻很簡單，安慰就在連結之中。

絕望使我們與世界對立，困境使這個世界呈現出不公與凶暴的面貌；絕望還使我們與他人對立，他們似乎不得體、疏遠、冷漠、不夠好，有時甚至得對使我們受苦的事物負責；絕望也使我們與自己對立，因為我們常常為了沒能避免，或不曉得避免已經發生的事情而自責。

安慰是一種和解，重新與人生、其他人及自己產生連結。痛苦和負面的感覺消退了，或者更正確地說，這些感覺不再主宰我們的生活。「安慰的目的不是讓受安慰的人從悲傷中解脫出來，而是透過舉動、言語及關懷，彌補其疏離與喪失的感覺，使其敞開心胸，感受到被群體接納的感覺。」

悲傷使我們與世界、與他人、與我們自己隔絕。而安慰則以耐心和溫柔，重新建立起這些連結。

重建與世界的連結：人生自會修復

「神志清醒會被視為比幻想具有更崇高的價值。但是，無論如何且儘管如此，相信的欲望就像睡眠或口渴，或者像是愛的依附，或者像是渴望幸福一樣重生。」巴斯卡・基亞（Pascal Quignard）透過這句話暗示，在我們內心深處，存在著一種對人生的感受，是遲早會受到召喚而再次甦醒的。

安慰所喚醒的，正是這種動力，即這種適於每個生命之渴望幸福的欲望。就像是對人生，對可能的人生，對美好的人生重新相信的欲望，即使當下無法確定。

安慰我們的有時是刻意針對我們的言詞或關懷；有時是我們自己所做的努力。但我們所接受的安慰，是來自於那些觸動我們，而不是針對我們的事物（或許這是最常見的？）。

我們可以因為藍天、清晨的光線、一個溫暖的眼神或舉動而獲得安慰，或單純獲得撫慰；也可以因為一首美麗的歌或詩而受到安慰，因它們的悲傷或對人生、愛的信仰而受到安慰；而因為這些作品提醒著我們，所有的人類都在受苦，我們彼此在悲痛中更加相似。

若人生是有道理的話，這種讓我們彼此類似的悲痛，也應該會自然地讓我們彼此靠近；

但實際上並不總是如此，我們會見到，其實要彼此靠近往往需要努力。且讓我們回到那些算是從天而降的安慰上。

若我們留心觀察，就會發現人生在每一刻都向我們提供它的療方，光是人生這點，就可以將我們療癒。當我們在森林中行走時，會不斷地經過具有療效的植物，卻沒有注意到它們；同樣，當我們度過每一天時，會不斷地接觸到安慰的源泉。

這種安慰來自於不關心我們的世界，這像是一種矛盾，宇宙對我們的傷痛、我們的故事、我們的存在都漠不關心。然而，光是它在，就能安撫我們。我們因而能夠想像，它並不是真的漠不關心，它只是以冷靜、溫柔的方式來提醒我們，痛楚是無常的。羅莎・盧森堡（Rosa Luxemburg）是一名德國政治家暨革命家，她於一九一九年遭獄卒殺害。以下是她在獄中寫的信，內容是關於她人身尚自由時的回憶。

我在某個春天的暖日，就只是在我所居住的蘇登德（Südende）街道上漫步（……）毫無目的，放空閒晃，吸取生活的氣息，可以聽見從街屋傳來，為復活節拍打床墊的聲響，一隻母雞在某處扯嗓啼叫，小學生在回家的路上爭吵（……）一輛噴著氣的電車，對著天空發出細微的嘶嘶聲，彷彿是在向人打招呼（……）因此，我的心中對這一切，對最微小的細節滿是歡喜。（……）這樣一個喉頭發出嗓音所進行的愚蠢對話是多麼令人感到愉快啊！我多麼高興這位先生在五點鐘去某個地方。我幾乎想大聲對他喊：幫我跟那個誰誰誰問候一下，隨便你想到的任何人都好！（……）我臉上閃耀著幸福的光芒，可能看起來有點奇怪。但又有什麼關係呢！有什麼比在春天的陽光下，像這樣無所事事在街上閒晃更讓人感到幸福的呢？

單純去凝視運行的生活會帶給我們安慰。但當它被強加給我們時，則無法獲得安慰的效果，這必須來自我們自己本身，這必須是**自發性**的。否則，這些跡象會引來反感：「什麼呀，我的痛楚居然是被一些微不足道的事情所安慰？」

我們困在悲傷的牢房，但鑰匙就在觸手可及的地方，但還得我們伸出手才能取得。安慰是一種釋放的工程，亦即我們從苦惱中自行擺脫。只要我們向生活求助，它總是隨時準備好要幫助我們，但我們必須先走出自己精神上的牢籠。

生活對我們的憂傷滿不在乎，而這正是讓我們感到好過的原因。就讓它漠不關心，就讓它去吧！而在生活繼續運行的路途上，有鳴唱的鳥兒，有閃耀的陽光，有蔚藍的天空，有謎樣般默默飄過的美麗雲朵。生活對我們的苦痛滿不在乎。或許，至少在某些時刻，它更能帶給我們安慰。因為它既是冷漠的，又是善良的，或許還比笨拙和俗套的言詞更有效，那些言詞之所以無法奏效，是因為它們過於刻意地想要加以修復。然而，安慰並不是修復。它是一種繼續生活的理由，而沒有，或者幾乎沒有什麼是可以被修復的。

有療癒能力的生活

當我們陷入不幸時，很難被日常生活中一些愉快或能讓人平靜的小事所安慰，例如事物之美、溫柔、一朵花、一陣微風、友好的言語……當我們關上心扉來抵禦不幸時，我們同時也把幸福拒於門外，而這幸福可能會使我們轉移注意、減輕我們的痛楚，甚至還能拯救我們，讓我們睜大雙眼看清這個事實，即我們的生活將永遠是交織著悲傷和喜悅的。

我們要藉由仍然存在的一切來安慰所有已經不在的一切。並且我們要自問，是否我們所欠缺的一切，其實當中有一部分早已在我們眼前觸手可及之處。

「有療癒能力的生活」這個概念教導我們，或者可以教導我們的是，接受、謙卑是有必要的，即儘管感到痛楚，也要以一個受傷的個體，努力與世界重新連結；接受放下讓我們特立獨行且與眾不同，但也是讓我們孤立的苦痛，以便再度成為平凡、微不足道及不存在，比周遭的一切更不值得關注的人。

在苦痛中，反正就是在某些形式的受苦中，會存在著一種傲慢的罪。因為悲痛無意間使世界圍繞著我們及我們受傷的中心點轉動：「悲傷（……）把內心封閉起來，排斥內心以外的一切。」接受生活的安慰是一種複雜的行動，不僅要放棄具體的修復（再次強調，安慰不能還原已經破碎或過去的事物），還要在某種程度上放下自我，並接受被遺忘、不受注目、隱藏自我。

來自流光的安慰

某個春天的週日清早，一位母親（或父親）從麵包店回來，為家人帶回了可頌麵包；孩子們已經長大成人，都是在學生；他們離開家裡有一段時間了，但他們在這週日前一晚回來參加了家庭聚會，像以前一樣留在家裡過夜。儘管有這些開心的時刻，母親卻是感受到一陣悲傷，因為時間過得也太快了！她回想起二十年前的同樣場景，孩子們手牽著手陪著她；他們要求她給他們拿麵包袋，然後她看到他們開始笨手笨腳輕咬可頌麵包的一角；於是她假裝沒發現，以便在到家時，固定演出這同樣的一幕：「咦?!是誰偷咬了一口可頌麵包?!我們要把它們拿回去還給麵包師傅！」

那天早上，是跟以往一樣的路程，但一切都已改變。沒什麼大不了的，每個人都很好，每個人的生活都很好。但時光已經流逝了，就是這樣。一股悲傷湧上心頭，雖然很輕微但可能會持續下去，就像一場來自天空的細雨，剛下時並不會太濕，但終究還是會濕。該怎麼辦？就讓它下？自我安慰？但也不要太誇張。一切都好，別忘記這一點！那麼，如何找到與悲傷同樣輕盈的安慰呢？這很簡單，那就是微笑並接受。消失的事物，我們曾經體驗過，那就好了。

於是，她稍事停留，望向太陽、房屋、街尾教堂的鐘樓。她為這一切的存在，為這一切的美好與平靜感到開心。她為自己能夠活著直到現在感到開心，只是經歷了每個人生活中正常的困境，以及一些悲劇。

她品味著回憶和流光的美好；她品味著當下時光的溫柔。還有更多美好的時刻等著去體驗。即使再沒有，這一切都是值得的，不是嗎？

成堆的安慰（一系列微不足道但令人感到安慰的事物清單）

看到一隻狗在海灘上奔跑，高興得要命，跑回牠主人身邊，繞著他們轉圈，充滿愛意，然後再跑走，對所有讓牠歡喜的東西永遠不會厭倦。狗的簡單幸福讓人欽羨，這是我們人類在過程中所無法企及的。但有時會讓我們渴望像瘋子一樣奔跑的，絕對是充滿信心並對一切都感到安慰的。

記得每一次我們感到迷失及一切順利的時刻。

僅限於運動迷：當我們最喜歡的團隊贏得比賽或表現出色時，我們會沉溺於一種幼稚且天真的快樂。這雖然微不足道，但是卻令人感到安慰。我們仍忠於生活，有著自己的悲傷或缺失，卻因為某些微不足道的事物而放寬心。

想著那個接受白血病治療的孩子對心理學家說：「當我死了以後，我就不會再生病了。」去坐下來，哭泣，無論他在哪裡，都要深深想著他，並將自己心中能夠萃取出的所有的愛，此刻都送給他。

愚蠢地告訴自己，人一旦死了，就再也不會牙痛了。我在寫這些字句時牙痛得厲害，於是我想到巴頌（Brassens）的〈遺囑〉（Le Testament）這首歌：

我不帶怨恨離開人世，我牙齒再也不痛了，
如今我在這個公墓中，在時間的公墓之中……

有個永遠都不會有牙痛的地方，這想法讓我感到安慰。當然，得先經過死亡這關。但在死亡之後，我們終究會知道是否有什麼該知道的；假如沒有什麼是該知道的，那也不會太糟。這正是此刻我腦海中所想的。這讓我從牙痛中得到了安慰。我超愛人類的大腦。

被突然從雲層間露出的蔚藍天空所驚豔。
收到朋友的來信，跟我們說他很快樂。
對某個人好。

感覺能和眾人平心靜氣相處。
感覺能在這世上怡然自得。
感覺到被愛，被珍惜，被尊重。
對某個人好。

想起羅莎．盧森堡，她從獄中寫信給親人，信中滿是喜悅及盎然的生意。當他們為微不足道的事情抱怨時，她就會教訓他們：「把你們的信拿來看看。這種洩氣的口吻真是惹得我不高興。那些未來的孩子都還沒有出生，你們為什麼要發牢騷！……哎呀，葛楚蒂（Gertrud），這沒有任何意義。（……）我們得工作，盡力而為，但對其他的事情，則是要保持輕鬆和好心情。苦情是無法讓生活變得更好的。」當我第一次讀到這些字句時，深受感動，但我自忖：「噢，這個小女人有著不可思議的心靈力量，你絕對沒有這樣的能耐！」（羅莎身高一五〇公分）。接著讀了幾頁後，當我讀到這樣的字句時，我一陣情緒湧上心頭且私心感到寬慰：

「我正處在由許多痛楚所建立起來的美好平衡中，昨天在我入眠之前，被一種比黑夜更黑暗的絕望所擊倒。」

這不是天賦，而是努力。試著從她身上汲取靈感。

完成一項任務，或者全神貫注於一項能暫時中止憂傷的任務，並使我們能在行動、生活中振作起來。

回憶美好的事物。沉浸在一種無法與現在比擬的懷舊情感中，不帶批判，僅僅是為了在片刻之間讓自己好過一點。

即使感到悲傷，也要微笑。同樣地，別預期微笑會帶來什麼，就只是微笑。笑久笑足，淺淺地笑，低調地笑。微笑不必外顯。訓練自己輕鬆微笑，不要緊張，不要炫耀，並觀察其成效。

回憶每一次在悲傷中感到幸福的時刻。寫下這些字句時，我想起了我深愛的岳父的葬禮，我與外甥及表兄弟一起抬棺時，我因為負重而搖晃；我記得為了不在眾人面前哭泣，把注意力放在棺木的厚實重量、我身體的虛弱感，以及尤其是能夠盡可能親身伴他最後一程這股絕望的幸福感之上。

練習**是**和**否**的習題，這習題極為簡單且帶救贖功效，有時候就只要說：

「是的，我有困擾和悲傷；不，我還沒死，還沒有失去一切。」

微笑，呼吸，仰望天空。一口氣做完這些動作。盡可能把做這些動作的時間拉長。對想停止的欲求，以及想重新關注令我們絕望的事物的欲求進行觀察，但還是再堅持一下，看看結果會如何。

當我感到悲傷時，寧可做些事情，而不是毫無作為。

觀察海浪餘波的運行，它們撞擊在堤防上，然後倒退，這種調節餘波的運行方式，就好像海浪自己努力冷靜下來，以免最終全都碎裂，全都毀壞殆盡，對一切沮喪感到絕望。

當我們感到哀愁時，接納所有貧乏、簡單、不帶野心但充滿情感的言詞：

「我在這裡」、「你在我心底」、「你可以依賴我」。

當某天時機來臨時，再將這些話，對其他感到痛楚的人說。克服自己含蓄、拘謹或內向的慣性，別再害怕於說這些話時落淚。

在某個清晨，當「擔憂」太早喚醒我們時，看著窗外昇起的太陽，聆聽開始鳴唱的鳥兒，或是朝氣逐漸蓬勃的城市；解方並不會因此而憑空出現，但至少會有一點點的安慰，因為我們滿足於活在當下。

重新與他人建立連結：給予安慰的人

需要被安慰的人總是沉溺於悲傷的孤立者。而安慰會將他重新連結到人群之中。安慰就是重聚，就是將其帶至同類身旁。

苦痛使人孤立，而連結則帶來安慰。所有的連結都是真實的，無論是愛、是情感、是友誼的連結都是如此；甚至是一個微笑、一段閒聊、一個善意的眼神，都可以用來安慰，輕輕地或者短暫地減輕與任何痛楚有關的孤獨感。

感受到被愛、被珍惜和被支持總是讓我們感到安慰，即使我們沒有力量（沒有力量，就目前來說是如此）完全接收這份愛和支持，像我們所希望且應該的那樣予以回應。但我們仍然會獲得滋養。這就是為何給予安慰的人不該期待感謝或回應。只是表達他們的感情並能聽候吩咐。

生來就是為了安慰

安慰的習性是人類與生俱來的能力之一。它是經過大腦能力，從同理心（是感知他人悲痛的生物習性）轉換到同情心（結合同理心和為減輕悲痛而想要幫助人的欲求）一連串運作的成果。安慰在某種程度上是同情心的實踐。只要用我們的文化和教育來豐富這些先天的習性，將其轉化為存在的價值；接著用我們的生活和安慰的經驗，無論是接收安慰還是提供安慰，都將滋養這些習性，讓這些習性成長茁壯。

我們是一個具安慰本質的物種。我們已經談到對安慰的本體需求，與人類狀態和我們對死亡、他人受苦的意識有關。不僅如此，我們也能預知自己具備撫慰同類的能力，例如當我們看到有人哭泣時，我們通常會感到身體有一股衝動，想要把我們的手放在他的肩膀上，或者給他一個擁抱；我們想要脫口說出撫慰的言語。為了實現這樣的作為，我們只需移除拘謹、抑制、害怕做錯的障礙。

從進化心理學的角度來看，能夠安慰同類的能力，對於任何動物的物種來說，都是一種適應性的優勢。獲得團體支持和安慰的個體，不會長期且有害地陷入悲傷中；他們不會因為憂傷而垂死，而是重新建立連結和行動；而且，以更世俗的眼光來看，他們之於群體會重新變得「有用」，不再因為情緒的渲染，而使其他人感到意志消沉。

對他人的痛楚太過於冷漠不僅在道德層面上感到痛苦並令人感傷，而且在社會層面上，它也會逐漸摧毀由此意識所主宰的群體。安慰跟幸福一樣，不是奢侈品，而是必需品，沒有經常出現在我們生活中的幸福，我們就沒有足夠的精力去面對考驗和困難；而沒有安慰，我們面對這些困境時，將越來越感到孤獨、擔憂、脆弱和無助。

我們近親間的和解和安慰

作為一個物種，我們的安慰能力不是獨有的，其他靈長類也同樣擁有這些能力。動物行為學家以此為目的，在黑猩猩身上進行研究，經觀察發現，在同一族群內的衝突之後，除了互鬥或相爭的主角，牠們彼此之間出現和解的行為之外（如在嘴唇上的親吻），也出現其他黑猩猩對於打鬥者的安慰行為（如擁抱、吻頰及握手、懷抱）；他們最常對落敗者表達這些行為，但同樣也會對勝出者如此表達，用意是撫慰其壓力，使其平靜下來。在社會化行為較差的猴子種類，如獼猴，目擊衝突的旁觀者反倒是遠離（可能是為了避免自己也遭受打擊和咬傷）。越是透過豐富而密集的互動而社會化的一個社群，由於群體和個體的自我控制能力而建立了互信機制，則和解和安慰的空間就越大。

人類與生俱來的安慰習性，在針對幼兒的同理心研究中也有發現。幼兒在面對其他哭泣中的孩子時，即使彼此陌生，也都會盡力予以安慰，就像他們自己希望被安慰一樣，例如把自己的母親帶到哭泣的孩子身旁或是為哭泣的孩子提供玩具。童年是我們最脆弱和最缺乏生活和困境經驗的時期，這就是為什麼我們在這個階段會最需要安慰的原因。

受到安慰的孩子會體驗到，在遇到困難的時候可以依賴大人（以及往後可以依賴親人）。他可能也會更微妙地學習到，當生活中有摩擦時，失敗和受傷是正常的，但還是可以無所畏懼地面對生活中的摩擦，因為總有獲得撫慰的可能。這是得自童年安慰的成功經歷中美好的遺產之一，即我們不再自動將自己的痛楚視為一場失敗，也不再將失敗視為一項弱點或一項孤獨的懲罰。

或許正是因為源自童年的經驗，安慰讓我們重新貼近童年，並提醒著我們，每個成年人都是一個沒見到自己長大的小孩，是一個成長太快的小孩，是一個突然發現某天開始被稱為「女士」或「先生」的小孩，是一個直到生命終結，都會對自己的皺紋、白髮、衰老感到驚訝的小孩。要接受被安慰，就必須接受自己像一個小孩一樣無助和脆弱，必須褪去大人的外衣、成人的舉止、權力的裝扮、力量的面具及堅定的信念。小孩子的特性通常在於自覺無法單獨應對痛楚和苦痛，並且毫不猶豫地求助於可以信任且能提供安慰的人。因此，儘管這時常讓我們感到擔憂甚至不快，但無能為力和信任是需要接受的兩種感知，接受後才能獲得安慰。

對安慰的欲望不單涉及同理心、理解、舒緩或使人好過，這些確實都有，但還有更深層的意義，即安慰是一種博愛的行為，無論是接受安慰還是給予安慰，都讓我們感到在這世上並不那麼孤單；因為每個給予安慰的人都有預感，或許有一天，將會輪到自己受苦。

安慰者的世界和被安慰者的世界，兩者距離並不遙遠，人們依自己在人生路途上所遭遇的考驗而在兩個角色之間擺盪。假若其他人的悲傷觸動並感動了我們，有時也是因為我們知道這原本可能會是我們的悲傷。或者我們過去曾經歷過，或者我們將來會經歷到。

安慰也涉及相互依賴，即它使我們能夠從別人那裡，至少在這一刻，接收我自己無法或不完全能夠產生的東西。苦痛使我們脆弱，而安慰使我們變得更富有人性。它提醒我們身而為人，就是屬於一個共同體，每個人都需要彼此。

在安慰中身體的自然舉動

時序來到二〇二一年五月，成千上萬的難民試圖穿越邊界前往歐洲，於是進入位於非洲摩洛哥北海岸的西班牙飛地休達（Ceuta）。一段感人的場景經拍攝後於社交媒體上傳播，顯示出安慰之舉是多麼自然和普遍。一名可能來自撒哈拉以南非洲（Afrique subsaharienne）的男子，身形瘦削且滿身塵土，他坐在岩石上，顯得筋疲力竭；一位年輕的西班牙紅十字會女性志工在他面前，臀部坐在腳後跟上，把水遞給他，並輕拍他的後頸予以撫慰，因為他似乎感到迷失和驚慌。這友善的舉動促使男子俯身於該名年輕女孩，將頭靠在她的肩膀上，或許是因疲憊和百感交集而淚如泉湧。猶豫片刻後，她輕撫他的頭髮，就像母親對待孩子一般。接著他真情流露，因為本能卻又羞赧地環抱著她。他們靜靜地待了一會兒，他依偎著她，她則輕撫著他的頭髮和後頸。在這次相遇之前，他們彼此是陌生人，但他們在所有的安慰中彼此都找到自發性的、自古以來即有的且令人動容的舉止，他是被安慰者，而她是安慰者。他們令所有目睹這一幕的世人內心為之激動，彷彿一掬柔軟與動容、孺慕與同情之淚。

安慰的連結

當現實無法轉變時，安慰如何能夠運作？因為安慰是由安慰者和被安慰者所共同建構，因為這中間有一道連結相互交織，且這道連結使我們覺得好過，就像接受治療或照料，即使這個「療方」（此指應當有助重於新審視權衡、重新振作的言詞）並不總是如此「奏效」。經過安慰加持，我們便能將自己的愛和感情、友誼和親近關係加以表態。

若連結能安慰我們，則敞開心房接納此連結意味著敞開心房接納安慰者。安慰之舉總是簡單，而安慰言詞總是平凡，但我們接納安慰之舉和安慰言詞的方式並非如此簡單平凡。那麼我們會輕易接受來自何方的安慰呢？

理所當然是來自我們的親人，因為他們愛我們，他們的存在本身就是一種恩賜。

來自專業人士，因為他們已經安慰過許多人，無論是照料者或是心理學家，無論是神父、伊瑪目、拉比或其他皆然。因為這些人從事工作時經常會面對最大的悲傷，即服喪，一如德爾菲娜．奧維勒爾（Delphine Horvilleur）於評估自身角色時的證言：「陪伴服喪者，並不是為了教導他們已經知道的事情，而是為了將他們告訴你的話加以詮釋，好讓他們自己也能聽進這番話。」這些具備協助天職的專業人士懂得傾聽服喪者，並以溫柔和希望，為其重建已逝者的安息形象。

還有，來自我們的朋友：「越隨著年齡增長，我越發現我們只能與那些能使你自由自在的人，以及同時帶著既輕鬆到容易承受又強烈到足以感受的這份感情來愛你的人共處。今日的生活過於艱難、過於苦澀、過於貧弱，以至於我們不能再承受來自我們所愛的人施加的新束縛（……）也因此我是你的朋友，簡言之我就是愛你的幸福、你的自由、你的歷險，希望我對你來說，能永遠是我們都信賴的夥伴。」

這是阿爾貝・卡繆（Albert Camus）寫給勒內・夏爾（René Char）的信中，尋求友人安慰的內容，他為了試圖寫作，剛在諾曼第（Normandie）度過炎炎夏日，但卻沒有任何產出（「我在今夏原本有所期待，然而卻一事無成。這種貧瘠、這種突然且持續的麻木，影響我甚鉅」）。

這兩位作家維持著美好的情誼，以及時序自一九四六至一九五九年間長期的通信往來，直到卡繆去世前不久才結束，而透過閱讀其往來的書信，使人了解到安慰也可以遠程進行（即使他們經常見面）。「我時常想起你，以及我們的友誼。時間因而緩和它的敵意，我的雙手不再感到哀愁。少許童年和地中海短灌木叢就能讓我迷失的心溫暖起來。」他們透過鼓勵對方寫作來相互支持：「早日康復並成果豐碩。」對於一位作家朋友，還有什麼比祝福對方的書寫能夠**成果豐碩**更美好的呢？他們對彼此的出書表達慶賀，就像夏爾在卡繆出版《瘟疫》一書後，在寫給他的信中所示：「你寫了一本**非常偉大的書**。孩子們又可以重新成長，而夢想又可以重新發散。」

「既輕鬆到容易承受又強烈到足以感受的這份感情」，這適用於友誼，也適用於安慰。安慰應該聽起來輕鬆，但感受起來卻是強烈的。在我們的朋友中，有些人是好的安慰者，而其他人則不是。朋友不光是用來安慰的，但或許是最能做到安慰的人，因為朋友能夠保持適當的距離，能夠不陷入我們的悲傷中，也不會讓我們獨自一人承受。

我們所接受的安慰也可能來自於其他受傷的人，那些已經歷過我們正在經歷的事情的人。但除了類似的磨難之外，還有度過這些磨難的方式，然後是思索這些磨難的方式。因為對那些像我們一樣受過苦的人，我們所期待的，不是他們面對困境時如何撐住或展現韌性的生聚教訓，而是一種低調的密切關係，在這樣的關係中，雙方的沉默以對、一聲嘆息、一抹微笑、一道眼神，便能道盡苦痛的一切友愛情誼。

最後，所有我們的同類都可隨時給予我們安慰。若能真誠且自然流瀉，則恩典自會降臨。

在手術室的走廊上（一名患者的自述）

我被帶到手術室進行手術。我知道這是我生命中的重要時刻，此後已由不得我，我只是一個被病痛折磨的身體，被帶往一個希望能拯救我的手術。我不會跟自己說一些樂觀或悲觀的故事；我只是阻止自己去思考，或者應該說，我把我的思考，全部的思考轉移，現在不是思考的時候，我不確定我能掌控任何會席捲而來的事情。所以我轉而內省我的感受，我只是觀察，聆聽，感受；我感到無能為力，孤獨。我對一切敞開心房，敏感，不加以防備，宛如一名新生兒。於是，所有護理人員的善意舉止，包括微笑，撫慰的言詞，善意及鼓勵性的小玩笑，推病床或是把醫療文件夾放在我身上的溫柔方式，都讓我覺得感動並撫慰了我，即使這不過是基於人性及友愛。後來，一位朋友在同樣的情況下告訴我同樣的故事，她在手術前躺在病床上，就待在手術室外的走廊；有位女士也在那裡等待，同樣躺在自己的病床上；她們相視微笑而無交談；這種面對疾病時的對望和姊妹情誼撫慰了她，讓她覺得好過。有時候，光是如此就足以堅持下去。孤獨感總是加劇恐懼和痛楚。

遠距離的安慰

接收安慰還有另一種方式，即是在自願孤獨的遠處中獲得。內向的人在感到痛楚時，有時會被氾濫的安慰所淹沒。他們會覺得需要退路和距離，得稍微喘口氣，重新整理思緒，並保持沉默。

這與被遺棄、未受安慰的孤立無關。所謂自願孤獨，是指當其他人能夠安慰我們時，即使這讓我們覺得感動和好過，但我們還沒準備好接收他們的言詞；所以我們避開至少一段時間。

但是自願孤獨仍能透過連結、透過感受而得以遠距安慰：與別人在一起，但不置身在這群人之中，保持一點距離；感受到自己有一席之地，但同時維持獨處以消化和理解，然後再選擇合適的時機接近並對話。

這種遠距離的安慰有時甚至比近距離的安慰更有力量。因為我們藉由想像，用我們的悲痛和確信為人所愛兩個不和諧的混合元素來滋養它，這種虛擬的安慰是完美的，比人在身旁提供安慰更加完美。

古斯塔夫・迪邦解釋了這一個令人訝異的現象：「當你人在現場時，你侷限在你的範圍內，你只是你自己，而且你以外的整個宇宙都在分散我對你的注意力。但當你人不在場時，你卻變得無所不在，就像神一樣；沒有什麼能將你抑制住，一切都在喚起你。這幫助我理解上帝雖然不在卻也無所不在。」當我們自願孤獨時，其他人所給予我們的愛也是一樣，雖然不在卻也無所不在。當我們所愛而且愛我們的其他人在遠方時，他們就在我們的心中，而且持續不斷。這就是為什麼愛可以從距離中獲得滋養，且往往在重生後浮現出來，只不過這又是另一回事了。愛裡頭任何形式的佔有性和有毒的依附性都因而被清除。至於遠距離的安慰，當中各式的笨拙則是已經清除殆盡，它的化身是善良的，絕不失禮。

提供安慰的人

最後，還有其他人的言詞、生活方式在啟發我們時所帶來的安慰，即使這些言詞並不是要說給我們聽，且這些生活方式也不屬於我們。

詩人克里斯提昂・博班（Christian Bobin）不斷地帶給我們這類安慰的言詞，一如他與嗜書如命的記者弗朗索瓦・布斯奈爾（François Busnel）在這段訪談的內容：

布斯奈爾：「在什麼事情都沒發生的日子裡，您是如何度過的呢？」

博班：「在這些日子裡，我必須看起來有點皺眉蹙額。把一副表情弄得像一張皺掉的紙。於是我靜靜等待。我靜靜等待，就這麼簡單。我並不急躁。這是我所知的唯一智慧。」

布斯奈爾：「靜靜等待是一種智慧嗎？」

博班：「是的，靜靜等待。因為我從經驗得知，那些緊閉的門扉終將重新敞開。」

「緊閉的門扉終將重新敞開」，這句話簡潔有力，在陷入痛楚和恩典的易感時刻中讀來，可以讓我們的心中產生一縷薄霧般的撫慰。

我們也可以從其他人的故事中獲得安慰，這些人正經歷同樣的痛楚，並且盡最大的努力繼續生活。我們看見那些以冷靜和智慧面對絕症、喪親或殘障的人，因而從中獲得安慰。但獲得安慰並不是因為鬆了一口氣（「噢，好在沒發生在我身上！」），而是因為受到啟發（「多麼堅強又有尊嚴！我能從他們那裡得到什麼借鏡？」）。

是的，安慰是和人類物種重新建立連結的一種方式，它可以平復我們所有的憂傷。我像你們一樣，常常對我們爭執的場面發愁，諸如從一個人對另一個人，從一個家庭對另一個家庭，從一個國家對另一個國家，從一個宗教對另一個宗教。我感到洩氣，感到絕望，有時感到苦惱。但之後有個故事，讓我感到欣喜和安慰。

接下來的這個故事，是某次我在一場研討會上，聽優秀的紀堯姆（Guillaume）修士所講述的。他是在孟加拉的一名傳教士，他解釋說在他傳教的貧民窟裡，他遇到的大多數穆斯林都不是狂熱的基本教義派，他們只是在生活中實踐自己的信仰，並將其視為一種文化、傳統、身分認同，以及一套簡單的生活規矩，這些規矩使他們樂於接納並樂善好施。他的一位鄰居，本身對他慷慨善待貧困者表示欽佩，某天對他說：「你們基督徒才是真正的穆斯林！」這句話真是饒富友愛、趣味及真誠。

於是我就這麼被安慰到了，對人類的未來恢復了信心，這都得歸功於那些好心腸的人。顯然這樣的人是最多的，但也是最不會嚷嚷，且最不顯眼的一群人。我有時會對我們的大腦如此敏感於內心的警報，且如此盲目於良善而感到惱火。但後來我想，這些善男善女總會獲得最後的勝利；即使有時得歷時良久才能盼來這樣的結局。

重新建立與自己的連結：自我安慰

「我們應該勉力自我安慰，而不是把自己投身於不幸當中，如墜入深淵一般。而那些誠心去做的人會比他們以為的更快獲得安慰。」我很喜歡哲學家阿蘭（Alain）的這幾句話。我喜愛他使用「勉力」（s'appliquer）這個動詞，有點老派，令人回想起學校（例如「勉力把作業本寫好來」），也令人聯想到事倍功半、並不總是容易的成效。

一旦我們從當頭一棒的打擊中恢復過來時，最好是撫慰自己，而不是任憑自己滑落；且寧可採取安慰而非反芻思考（rumination）。無論如何，盡力將自己的心靈轉往這個方向。在等待外在援助到來之際，我們往往可以準備好接納外在的安慰，並致力於，抱歉，是勉力於，內在的自我安慰。

自我安慰（autoconsolation）

某天早晨我的情緒低落。我感到鬱悶。當然這其來有自，因為我確實感到煩憂。但假如

我束手無策，整天夾帶著這股我有預感會一直擱在心頭上的沮喪，究竟又能改變什麼？為什麼？因為我的大腦非常擅長反芻思考、綿延不絕的負面心境和愁緒；假如我讓它自由發揮，它就會一瀉千里，尤其是此刻的它載滿著燃料，這燃料就是「確實感到煩憂」，而不光只是這種明明好好的，卻突來一陣莫名所以的惱怒。一旦悲傷開始了（身而為人，同時身為治療師，所以我知道這個感覺），它可能會持續數小時，有時甚至持續好幾天。

所以我決定，不，我要反抗，我要自我安慰！是的，我感到煩憂。不，我不想整天都重複不斷地在煩惱。至少我會嘗試。我知道當我們的擔憂或憂鬱不太嚴重時，我們可以在能力範圍內盡一些小小的努力，避免讓自己滑落其中。

這是我的簡單做法，即先微笑，微微地笑，告訴自己在我的生活中，曾經有，現在也還有，明天也可能會有很多美好的事物。其次是動起來，千萬別癱臥在扶椅上反芻思考。站起身，播放一張充滿歡樂能量的爵士樂唱片，高聲哼唱，跳上一兩個舞步，整理一下我周圍的房間。我決定今天會爬上每一階樓梯，而且是蹦跳著上樓，而不是拖著腳步上樓。接著我又想，我最好出門幾分鐘，呼吸一下新鮮空氣，並體會還活著的感覺，就算感到煩憂也要出門。這比死去且再也無法體會到生命要好，不是嗎？欸，結果有效吔！至少那天早上是如此。噢，要注意喔！這些小小的努力並沒有讓我喜不自勝，也沒有讓我陶醉在虛無的幸福之中。不過有比較好了，我覺得好多了。我重新融入了生活。這算是有進展了。我趁機抽出十五分鐘的時間來進行正念（pleine conscience）冥想。什麼都不做，只是感受、觀察，享受當下，沒有期待。與我們有時所認知相反的是，在抱怨和沮喪中，並不是只有洩氣而已，事實上也有期待。我們會自忖：「要是我沒有這些問題就好了」，或是「要是我能找到解決的辦法就好了」。然後才剛動完這個念頭，我們馬上就否決了可能的解決之道：「不會有吧，才沒有什麼解決的辦法呢，以後也不會有的，永遠不會。」

在這些念頭中，我瞥見這些思慮、期望和絕望，而我任由它們一閃而過，繼而消散，因為它們缺少了燃料。它們的燃料，就是我的參與。我決定讓它們存在，但是我不再參與其中，不支持它們（「對，發生在我身上真是太可怕了」），也不和它們競逐（「我絕對要擺脫這種情況」）。就讓它們繼續這齣我沒有接演的馬戲表演。就此刻而言，我正在做一件更重要的事情，即感受著我內在的生命，感受著我周遭的世界。而在這一刻，這對我的幸福來說已經足夠。這是一份微小的、有限的、顛簸的、略微擔憂的幸福。但也是一份被安慰的微小幸福，比起以沮喪展開新的一天，這完全會讓人更欣然去體驗。

自我安慰的要素有哪些？

就悲痛和憂傷的本質加以看待：心理的狀態

需知這也是身體的狀態，這些身體狀態會洩露並表現出心理狀態，而這些身體狀態和困境有所關聯。就目前來說，暫時把困境和尋求解決方案（假使我們還沒找到）擱置一旁。接受悲痛的現實。自問是否想要屈服在那樣的心境，自問屈服是不是一個好主意。因為讓自己喘息可能才是一個好主意，即使自己正沉陷在悲傷和淚水中；有時，初期感到灰心的時刻反倒是有益的。然後，我們慢慢地可以脫離其中，並勉力去想有哪些事情是我們能夠做的，哪些和緩、簡單的事情，可以去做或者去體驗。

讓自己恢復條理

海因里希．馮．克萊斯特（Heinrich von Kleist）在他的小說《米迦勒．寇哈斯》（*Michael Kohlhaas*，一八一〇年）裡有一段話，為我們點出這個關鍵：「他眼見如此重大失序的世界而心懷痛苦，不過他卻從這個痛苦的深淵中，自此感到內心的篤定，於是一股隱晦的滿足感卒然而生。」我們的絕望越是以混亂且難以辨認、理解的失序形態表現出來，我們就越是需要澄清自己的心靈狀態和感受，將我們所看到、所經歷和所理解的事情訴諸言語表達（例如把這些事情寫下來）；要知道這些記錄不只是過渡性的，記錄下來的就是記錄。

這往往是心理治療中所執行工作的基礎之一，即幫助患者自我反思，並幫助他們為發生在他們身上的事情重新整理思緒並賦予意義；將發生的事件加以命名，將其對這些事件的反應加以辨識，看這些反應究竟是源自過去的無意識行為，還是來自當下的決定等等。總讓我感到驚訝的是，我注意到很多時候，我的患者們唯獨在諮詢的時刻，才會承受自我反思和重新整理內心思緒的痛苦，而其他時候，他們只是規矩行事或轉移注意，而不是思考自己生活的方向。假如一個人覺得幸福，則內心的混亂並不嚴重，但假如一個人感到不幸，則內心的混亂就會是有毒的。整頓自己的心靈就像在沮喪時整理房間一樣，它讓人看得更清楚，且感覺更輕鬆，更減輕壓抑。

在悲傷中微笑

當我們精神愉快時，我們的臉上會掛著微笑。但反過來也成立，即當我們微笑時，會（稍微）增加我們的身心福祉。這就是術語上所謂的「回饋連鎖反應」（boucle de rétroaction）。所有的研究都證實，微笑對我們的情緒帶來柔和的影響，這結果不是幻想，而是一個事實。不過我們該為此在不幸時**逼自己**微笑，以對抗惱怒的情緒嗎？當然不是。然而當生活賜給我們一個動人、感人、甜美或者純粹只是美好的時刻，就算處於悲傷之中，**讓自己**微笑倒不失為是一個好主意。單純放任自己微笑，縱使是略帶憂愁的微笑，這表示我們仍然對美的、好的或者純粹有趣的事物敞開心扉，儘管我們正在經歷磨難。

研究顯示，即使在困難時期，或甚至是喪偶期間，讓自己微笑的人會比較能夠慢慢從低潮中走出來並修復自己。我要強調（因為我們常聽見有人談到強制幸福或強制微笑的指令），這不是**強迫自己**微笑，而是在生活給我們帶來美好驚喜時，**放任自己**微笑。不多也不少。這與外界給予我們的安慰一樣，即不要強迫自己接受，也不要假裝感覺好了一些，而是看看我們是否能夠盡小小的努力，就單純去接納外界的安慰。而且是帶著微笑接納它。

如果我們決定減輕痛楚，那就用初學者心態，將注意力轉向簡單的事物

我在前面的篇幅中寫道，我努力微笑、哼唱、獨自跳舞、動起來……這些都是微不足道的方式，但往往會帶來舒緩功效，這些舉動一時之間，會暫時止住一部分的痛楚。縱情於這些舉動使人感到安慰，因為這些舉動會把我們帶得更遠，為我們開啟遠比我們和我們的絕望更寬廣的世界。這就是透過身體還有身體純粹的需求來和世界重新連結，而這些需求是遭受到使我們無法行動且使我們動彈不得的憂傷所阻礙的。此即恢復自己內在的生機，就像在微小的餘燼上吹氣一般。

這其中的關鍵及祕訣，就是初學者心態（l'esprit du débutant），這種精神上的清新感和好奇心，正是禪學宗師們向來所努力抱持的態度，即恍如初次一般，著手應對每一個新的情況，乃至於著手應對我們生活中的每一刻。這並非意味著活在失憶中，或拋棄過往的豐富經歷，而是藉由不斷的警惕，確保我們已經歷過的一切，我們已認識或以為認識的一切，不會成為嶄新的發現、嶄新的學習、嶄新的深究的一道障礙。這就是為什麼始終竭盡所能，去接納並體驗簡單的安慰是很寶貴的，而不是先入為主地對這些安慰抱持懷疑。

在絕望中培養這份初學者心態並不容易，因為我們都是受苦的專家，我們都已經習慣且都有所經歷。所以我們也自認是面對和克服苦痛藝術的專家。我們經常把這樣的作為預設成「沒有用，行不通」。但我們一次又一次不去經驗，我們就是在自欺欺人。我們更經常是自己狹隘習慣和無意識行為的囚徒，而不是真正的專家，無法在眾多自我安慰策略和態度中作出清晰的選擇。我們必須經常性地，學習以真誠和欽佩的態度來看待年輕人，有時甚至是孩子們，如何應對痛楚，因為初學者心態理所當然會在他們身上自然顯現。

我還記得某位朋友的葬禮，她年紀輕輕便死於一種致命的惡疾，在她下葬時，她那幾個四或五歲非常年幼的孩子，和他們同齡的表親在墓地間玩耍。我對他們感到無比的同情，「可憐的無辜小孩，他們沒哭是因為他們不理解。」但我也對他們單純的活力，對他們所散發的生命力感到欽佩；或許他們沒得選，但他們決定這個時間點不是痛楚的時刻，而是遊戲的時刻；他們的眼淚對於正在發生的事情又能幫上什麼忙呢？

迫使自己存有安慰性的想法

千萬別等待這些想法獨自冒出來！我們要努力讓這些想法湧現，甚至在情緒上

不見得要同意，就像在昏暗的房間打開窗戶一樣，即使我們不探出窗外，去欣賞陽光或天空並放聲歡呼，光線仍會照進房內，這仍然會為我們帶來一些好處！

在認知治療時（在這種治療中，我們專注地觀察內心的話語），這些安慰性的想法被稱為「替代性思考」（pensée alternative）。這是指為我們的負面信念提出一個替代思維。用帶點強制的方式，在我們的心靈建立自我安慰的觀念，以回應我們的擔憂：「想像一下你所害怕的事情不會發生，一切都會順利，你的感覺會是如何呢？感覺更好？對嗎？但你馬上補充說，實際上不會像這樣順遂？不，實際上，你什麼都不知道！所以，放下這份擔憂吧，這份擔憂只是一項假設，先等一等再來看後續如何，接著才開始受苦。」

顯然，我們感到絕望的大腦無法如此輕易將眼光放遠，也不會如此輕易將我們應對生活的內在衝突用明智且平衡的方式來運作！我們必須就此為大腦努力，尤其是要加以訓練，因為對我而言，我得花很多年的時間才使我的心靈能更穩當且更頻繁地建立民主的涵養。

止住灰暗

又是一段惱怒的時期。醫療方面的煩憂，為身邊親人煩憂，物質方面的煩憂。我知道我會克服這一切（我能寫出這些文字便足以證明）。但我腦裡一片灰暗，而且整個腦袋只想變得黝暗，甚至變成暗黑。我出發搭上一列火車，在沿途中，我對我眼見所有成團的小悲傷一下子就變得敏感，比如我從墓園外牆上方瞥見裡頭的墳墓，我因而想到這些往生者曾經是活著的人，想到**他們的**命運，想到**我的**命運，想到**我們**所有人的命運。我思索著我這念頭的一連串運作，思索「他們的—我的—我們的」，也就是「他們—我—我們」，其中前面「**他們—我**」這第一個部分，自動對應到我的狀況（哀嘆所見所聞並將見聞導回到本身的自我意識），而「**我—我們**」這第二個部分則是刻意的連結（將自己的痛楚擴展到全人類的痛楚）。我也為沿途經過的房屋感到惆悵，這些房屋在那一天看起來都有點悲傷，有點醜陋，有點褪色。我路過一間小如走道般的煎餅店，我從未見到有人來吃過，最終這間店也倒閉了，一如門上掛著一塊簡陋手寫的小牌子所示。我注意到牆上的苔蘚，我看到了時間的鏽蝕痕跡，而非生命的力量。我抬頭望著現代化且醜陋的新建大樓，它們擋住了街道另一側小學校的陽光，學童們此後將在陰影中玩耍。我的悲傷有無數的觸發器，它只是需要這些燃料來維持存在。我注意到了這一點，於是我盡一些小小的努力來對抗它，來限縮它，即強迫自己去感受安慰的喜悅。煎餅店呢？或許負責人繼承了一筆遺產，現在過著比等待客人上門更美好的生活？甚至或許他們也喜歡沒有太多客人的日子？那些小房子呢？它們確實醜陋，但它們並不妨礙居民幸福度日；那些大樓也是同理可證，居民們與其在美麗的牆內感到憂鬱，還不如在醜陋的四壁中快樂過活。

結果這樣對我的情緒有什麼影響呢？是說……還好吧！但掙脫沮喪的泥淖讓我覺得好過一些，我感覺到已經稍微止住灰暗的惡化。我繼續向前，抬頭尋找藍天。我覺得安慰離我不遠了，就在罩頂的雲層後方……

莫視他人的幸福和幸運為不公，該視其為幸福和幸運存在的明證

我們理當會努力加以實踐，但有時會閃現某個想法來全盤推翻：「是的，對他們來說，

這是真的，這是存在的；但對我來說並不是。」是喔？為什麼呢？要得知這一點，就要盡可能活得越久越好，看看明天、一個月後、一年後會是如何光景。我記得某次偶然在雜誌上讀到作家弗朗索瓦·努里西埃（François Nourissier）的專訪內容，他年邁並患有帕金森氏症，他向記者說明他此後的生活動力在於「持續的簡單愉悅」、繼續活著的簡單愉悅。當時（我還年輕）我覺得這既悲哀又帶有侷限性；如今我開始理解了！我看到似是放棄背後所蘊含的智慧，即隨著能力衰減而逐漸降低期望。面對時間的流逝，微笑接納每一天和每一刻的安慰。漸漸地，我們所經歷的一切將不再是微不足道，而是生活的美好滋味。年紀讓我們更接近極簡生活，這和嬰幼兒生活的理由相同；只是他們還有在未來等著他們的人生。這就是唯一的區別。

轉向自身以外的其他痛楚

希臘神話陳述拉俄達彌亞（Laodamia）的故事，她只和丈夫普羅忒西拉斯（Protésilas）發生過兩次性關係。第一次是在他參加特洛伊戰爭（guerre de Troie）並戰死之前。而他死後得到機會離開地獄並重返人間，與其妻共度一日，以便予以安慰。他們發生了第二次性關係。在普羅忒西拉斯永遠離開人間並回到地獄後，拉俄達彌亞自殺了，因為「她和自己的男人除了告別外別無其他」。

閱讀或聆聽悲劇故事能夠安慰我們嗎？是的，但前提是這並非一道命令或指令，比如「看哪，這比你的情況更糟！」前提是這並非為了使我們停止抱怨。我們必須自己去尋找這些故事，或者這些故事在適當時刻巧合地出現在我們面前。假使這是在比我們情況更糟的場景中要我們住嘴的指令，那這就不是安慰。而且所有指令都可能引起抗拒，即我們的心靈在當下，會對自己尚未準備好要接受的事物感到退卻；縱使這可能為自己帶來好處，能夠開啟自己的眼界。

「往往有比我們的痛楚更糟的事情」，這項事實從來都不容易接受。此外，我們真的會因為別人的不幸而得到「安慰」嗎？加入由痛楚的靈魂所成立的群體，能夠讓我們感到舒緩嗎？在其他不幸的故事中，會讓我們感動的，在於悲傷是普遍開放的，以及當這種普遍性被藝術家表現出來時的美感。就像紀堯姆．阿波里奈爾（Guillaume Apollinaire）的三行詩（trois vers）中，它們完整表達了人心及人們的擔憂：

「而你，我的心，為何跳動像一位憂愁的守望者我觀測著黑夜和死亡」

我們用言語平復他們的痛苦

因為凡人的生活到處都充滿了災禍，能夠不為自己的命運感到苦惱的人殊為罕見，因此，沒有比用安慰的言詞來為自己朋友舒緩更常見的道義責任了。老實說，提供適當而友善的安慰並非平凡的義舉，透過安慰，每當置身在悲痛的情況中，就算無法藉由行動來為我們所愛和想要幫助的人解除痛楚，至少我們藉由言語來平復他們的痛苦。然而，我們必須要靈巧地操作，以免像沒經驗的醫生一樣，不但沒緩解創傷，反而還加劇了鮮血淋漓的傷口。

伊拉斯謨，

《關於書信寫作》（De Conscribendis Epistolis）

Part 4

安慰：他人

CONSOLER AUTRUI

「目標是要感到快樂。我們只能慢慢達成這個目標。這需要每天加以練習。當我們感到快樂時，仍然有很多事情要做，例如要安慰他人。」

朱爾．勒納爾（Jules Renard）在他的《日記》（*Journal*）中寫下了前述這幾句慷慨的文字，這是在他父親自殺那年寫的。他當時可能想到了幸福和安慰之間的緊密連結，即幸福的能量幫助我們安慰他人，而安慰給予了接收安慰的人幸福，正如安慰給予了提供安慰的人幸福。

如何安慰？

在安慰中，我們試圖以手邊可運用的方法讓某個正在受苦的人感到好過，不過不是只有這樣。因為，要正確地安慰，根據我們先前所讀過，如伊拉斯謨等若干古典作家所示，還需要一種策略，因為這是一門艱難的藝術，其規則繁多，沒有一項能保證會有成果。因此，即使安慰是依照直覺和衝動進行的，但是否存在一種知識，或者更確切地說是一種技能，能夠更妥善地給予安慰呢？

首先要記住，給予他人的安慰建立在三個支柱上：

・陪在身旁（「我在這裡、和你在一起、我會在這裡、只要你需要我，我就不會離開你……」）。

・情感支持（「我愛你、你對我很重要，我想減輕你的痛楚……」）。

・物質支持（「我會盡力來簡化你的生活……」）。

第一項是以既有人煙又顯熾熱的沉默來達成。第二項是運用簡單的言詞。第三項是周到而審慎的舉動（因為我們不應該施壓我們安慰的人，讓對方感到有必要表達感激或致謝）。

然後，還有其他的一切。

安慰的適當時機

在我的心理治療師職涯中，我逐漸掌握到卡伊洛斯（kairos，譯註：合宜的時刻）的藝術，即在適當的時機說出適當的言詞。有時從諮詢一開始，我似乎很快就知道應該向對方說什麼或做什麼來幫助他們。但漸漸地，我學到了最好是當他們想要、需要或有能力接受幫助時才這麼做。時機上不要太早，因為對方會感覺自己的獨特經歷還沒有被聽見，會覺得我只是以治療師身分照本宣科；同時時機上也不要太晚，因為苦痛可能會佔上風，並摧毀對方各種期待和希望，繼而摧毀接受幫助的能力。

在治療中，安慰和幫助的言詞既不能太膚淺，也不能太嚴肅，亦即這番言詞必須在適當的時機說出口，恰好為對方量身訂製，而非為其他人。即使我們在本質上經常說著同樣的事情（因為人們始終經歷著相同的痛楚），即使我們經常鼓勵要自愛自敬、要諒解、要行動，我們始終注意要調整自己的言論形式，選擇能觸動受苦者的言語和形象。因為最常見的是，這些建議不會因其原創性而觸及人心，因此，這些建議必須在接受幫助的當下，透過其真誠和確切的配合來傳達。

在日常生活中，如在親朋好友之間，這類非治療性的安慰，可能也遵循類似的規則；此外或許當一位治療師坦率地安慰時，他便脫離了原本的技術框架，朝向一種出於友好的自發性，一份情感的共鳴，由於這並非慣常的表現，因此更加觸動人心且更有力量。

安慰藝術的其中一條黃金法則，在於別急著安慰，別太快拋出撫慰的言詞。那些在長時間討論後可能讓人好過的言詞，若是迫不及待想獲得舒緩而太快說出口，則會令人不適或形成耳邊風，落入無足輕重的窘境。因此我們懷疑那些過早安慰（**consolator praecox**）對方的人，既是在尋求舒緩對方，同時也是在尋求舒緩自己。有時候，安慰最好是不聲張，且悄然進行。我們不會走向某人然後大聲嚷嚷說：「我要安慰你的痛楚。」如此做法只會顯得自以為是、魯莽且起不了作用。

這就是塞內卡（Sénèque）的看法，他為了支持服喪的親友而寫了許多安慰的著述：「我知道你的痛苦才剛開始肆虐，我不應該正面予以攻擊，以免這痛苦有加劇的風險；同樣地，當我們想要醫治身體時，最有害的就是過早治療。這就是為什麼我要等你的痛苦自行減弱，待時間輕輕發揮作用，使痛苦能夠忍受療方時，就可以進行檢查和治療。」

為何行事要如此謹慎呢？這是出於對被安慰者的尊重。對方正在承受痛苦，宛如多重創傷的事故受害者，所以極為脆弱，切勿任意搖晃！此時安慰與侵入無異，且具有操控的企圖，若不能在適當的時機用溫和的方式行之，將會帶來壞處；這種安慰將會招致苦痛和緊繃，且將阻礙任何的聆聽和改變。

「耐心和時間的長度」乃是安慰的自然法則

安慰是一個修復的過程，不過安慰是針對個人，而不是針對使人受苦的情況。心理的創傷自然會結痂癒合，幾乎所有的人都會有這樣的能力，而安慰即是啟動這種癒合的工程，亦即人對安慰的渴望在內心蟄伏，只須喚醒即可。古人對此也有所體會，正如被遺忘的十八世紀詩人暨寓言作家杜特朗布萊（Dutramblay）所指陳：

「要安慰，就必須要有訣竅，且在慢步中向自然仿效。」

耐心是必要的，這對安慰者和被安慰者而言都是如此。尤其是安慰者更需要耐心，因為安慰者是提出建議的一方，而被安慰者是處置建議的一方。耐心，即是一種對緩慢的智慧表現，一種對等待的理解展現。耐心在安慰中是必不可少的，因為安慰是一個緩慢而謹慎的過程。我在這裡所指的並非得自撫慰行為或撫慰言詞的撫慰，而是指整個「安慰工作」的進程，就像我們談到「服喪工作」，或者按照助產士的用語，如一位母親產下一名孩子的「工作」，即在所有這些情況下，我們希望透過一些努力來促進一個自然現象。但是這些努力必須在適當的節奏中進行。在重大的困境中，安慰並非一次就能達到的狀態，而是通往可能的幸福和可接受的幸福的漫漫長路。

安慰往往是致力於讓受苦者能重新應對時間的工作、致力於解決「痛楚造成的脫軌時間」（語出哲學家文森．德勒克羅瓦〔Vincent Delecroix〕）的工作，這句貼切的說法點出在承受苦痛的作用下，現在、過去及未來的時間會變得扭曲，就像金屬在熱力作用下會扭曲一樣。所有的苦痛都會立即引發對苦痛持續性的，有時是永恆性的畏懼（有時是信念）。因此，這個既凝結又扭曲的時間把持住我們的心靈而造成痛苦，安慰便試圖要鬆開這種痛苦的箝制。

我們也將看到，在人的一生中，無數次接收到的安慰如何能夠逐漸改變我們對世界的看法。隨著時光荏苒，藉由一次次絕望和安慰，以及安慰和沮喪的反覆交替，我們每個人開始理解到無常的本質，這在伊曼紐爾·卡雷爾（Emmanuel Carrère）的故事集《瑜伽》（*Yoga*）中有如此狡黠的敘述：「當一切都順利時，我等著此時或彼刻事情會轉壞（這點我是對的），不過當一切都不順利時，我卻無法相信此時或彼刻事情會好轉（這點我是錯的）。」是的，這是如此顯而易見！然而，我們通常需要好多年的時間，才能夠去相信和同意這點，而不是去了解或承認這點。遭遇了一次又一次的絕望，讓我們產生定見，即我們的幸福帶有脆弱性。而接收了一次又一次的安慰，讓我們產生另一個定見，即同樣的這份幸福，會循環再現，並且恆久重生。

就讓花苗自然生長

我記得某位朋友，他的兒子發生急性錯亂（bouffée délirante），我們不得不將他送進醫院。他極為憂心和自責，想要盡快讓孩子擺脫精神病和疾患；當然也可能是想要撫平焦慮和自責的折磨。他甚至試圖在醫護人員不同意的情況下帶走兒子，這絕對不是一個好主意。我試著用理性的方式向他解釋，直到我了解到必須先繞個路，也就是讓他意識到自己的憂傷和自責，並鼓勵他接受這樣的情緒。只有在那之後，我才能接著安慰他，提醒他如此悲痛是正常的，換成是我也會有同樣的感受，並向他提供他不了解的精神疾病領域的相關資訊，用希望鼓舞他，藉由提供時間和傾聽來減輕他的焦慮程度。我告訴他一些簡單的事情，以鼓勵他要有耐心，讓他終於同意接受這種痛苦的現實。不久後，他打電話告訴我：「你知道嗎？跟你談過後我感覺好多了。你對我說了一句話，讓我對自己的無能為力和愛莫能助感到安慰許多。你告訴我說『就算我們揠苗，也無法助長』，這句話讓我明白我必須接受，稍微讓時間經過，不要驚慌失措，也不要過度糾結其中。」

安慰的簡單用詞

要安慰人，毋須擬定過於複雜的策略，因為一切往往始於陪伴在身旁、意圖、簡單的舉止和言語。在福樓拜（Flaubert）的信件中，他相信當我們用言語安慰時，會不可避免地使這些言語顯得笨拙：「人類的言詞就像是一口裂開的大鍋，當我們想要感動星星時，我們拍打這口大鍋，製造出一些讓熊起舞的旋律。」

痛楚會混淆受苦者的聆聽能力，因此受苦者只能聽進簡單的言詞。痛苦對於無用和多餘的事物過敏，即在壓力下，身體的所有功能中，非用於戰鬥或逃跑（如消化功能或性功能），都會暫時停止（若壓力是長期的，這些功能將會受到干擾）。同理可證，在痛楚狀態下，我們會排除一切無法帶來助益和安慰的事物。絕望和安慰的必要性將我們重新攏往我們簡單的基本需求。這就是巴頌的歌曲〈奧弗涅人〉（L'Auvergnat）所歌頌的內容，它描述人一生中，所有微小的，卻也是具決定性且高貴動人的安慰之舉：

「這首歌為你而唱，
你，這個不拘小節的奧弗涅人，
每當我在生活之中萌生寒意時，
給了我四塊木頭。
〔……〕」

你，這個不拘小節的女主人，
每當我在生活之中飢腸轆轆時，
給了我四塊麵包。
〔……〕
你，這個不拘小節的陌生人，
當我被警察帶走時，
面露不幸神色對我微笑……」

巴頌所唱的歌詞裡，那種帶著不幸面容投以具安慰作用的微笑，當然不是一句言詞，而是比言詞來得更好的一種，介於言詞和身體之間的暗號，像是一種**身體言詞**（parole du corps）。當我為學生教授心理學並接待學生在醫院實習時，我要求他們在迎接患者時保持微笑，並解釋說這些患者都不是偶然來到這裡的，是苦痛和生活的困難引導他們來找我們，並帶著他們的痛楚和憂心，我們必須開始用我們迎接的熱情來安慰他們，甚至在展開對話之前就先這麼做。

有些人不害怕將別人擁入懷中來安慰他們。他們通常是對的。一般而言這種情況發生在關係親密的人之間，但是一個非親密但感情豐沛的人也可以做到，這取決於適當的時機和安慰者的個人信念。

在我習醫期間，當我以高年級醫學生（externe）和之後的專科醫學生（interne）身分在醫院實習時，會有一整組團隊的「查房」作業，成員包括大老闆總住院醫師、護理師、助理、專科醫學生及高年級醫學生，這一整支出巡隊伍都會進入每間病房，接著又離開，因而掀起白袍一陣颯颯作響。有些大老闆總住院醫師會坐在病床上，花點時間把手放在病患的腿上，藉由接觸來撫慰病患。其他人則站在床尾邊，只在檢查時才會觸摸病患，卻從不予以安慰，也不會進一步關心他們的悲痛和憂心。

那是以前那個年代，當然，在那之後情況已經開始改變，但安慰仍是醫護人員尚未充分研究的方法。或是只有在致命疾病、慢性宿疾、不治之症的範疇中，當醫學喪失其強大力量的時刻才進行安慰。因為在無法治癒時還能帶來什麼？是安慰，它能減輕苦痛，在各種疾病的演進中扮演著潛藏的角色。這種角色在醫護人員眼中有時似乎微不足道且有所侷限，但無論如何，它通常能保持病患對生活和繼續前進的渴望。

據說法國神經學家雷蒙・加爾森（Raymond Garcin）經常提醒人們：「醫學的基礎是愛。」對此議題，他主動引述諾貝爾醫學獎得主夏爾・尼科勒（Charles Nicolle）的這句話，即尼科勒的一名同事，對於自己其中一名病患的灰心情緒感到遺憾，因此尼科勒對這名同事回應道：「你至少有握過他的手吧？」

就我而言，作為一名精神科醫師，我幾乎從不觸摸我的患者，當然除非是我和他們握手打招呼時。比較罕見的是，當有人在我面前淚流滿面，且我的言詞已經不足以撫慰他時，我會繞過我的辦公桌，坐到他旁邊，把手放在他的肩膀上；我覺得有點荒謬，因為這有點偏離我的角色。然後，儘管我繼續溫和地與他交談，還是要用言語來保護我自己；也許我最好是保持沉默。

有時，當患者提到自己困難的時刻，並在諮詢中再度回憶起這些經歷，而在我送他到門口時，我會把對方的手握在我的手中，告訴對方一些支持、安慰及友愛的言語：「我知道這很困難，但我們會克服的，照顧好自己，待我們下次再見……。」這些都是簡單，甚至是過度簡化的建議。但多年後，患者告訴我說，這些時刻，這些言語，雖然貧乏、平凡，卻和這以外的一切同樣幫助了他們。這對人可能有點冒犯。但這又特別具有啟發性。絕不過分相信自己知識、經驗的單一功效，有時要聽從內心的聲音。

當然，在身體與安慰之間，通常存在著眼淚。所有精神科醫師的辦公桌抽屜裡都有一盒面紙。當醫師感覺到患者即將落淚時，他便會遞給對方一張面紙，而這往往會加快對方流淚哭泣的一連串動作。患者總是為自己在我們面前哭泣而致歉，彷彿這是不正常、不禮貌、軟弱的表現。而我們，作為醫護人員，給予他們哭泣的權利：「你正在跟我談論困難、痛苦的事情，所以落淚是正常的，別壓抑淚水。」

於是我們克制自己別太快再度開口說話，別太早用言語安慰；我們試著微笑、點頭，問他們是否要試著再繼續講下去：「我們有的是時間，我們可以一起默不作聲；這時候你想哭就哭吧。」安慰並不一定是想讓眼淚擦乾（譯註：sécher les larmes，與安慰同義），而是正好相反，別害怕讓眼淚盡情流淌。同時還要隨侍在側，極其倚近正在哭泣的人。

在聖奧古斯丁（Saint Augustine）的《懺悔錄》（*Confessions*）中，他哀悼母親離世時寫出這幾句優美的文字：「我宣洩自己壓抑著的眼淚，任其流淌，想流多少就流多少，並且在我的心底用淚水鋪成一席床。我在心底得以歇息，因為祢在那裡側耳傾聽，而不是某個傲慢的人，逕自詮釋我的淚流。」當然，他在這裡是對神說話，所批評的「某個人」，實際上是在反對斯多葛主義哲學家（stoïcien），他們在《懺悔錄》的年代書寫有關鼓勵力量和尊嚴的安慰。但他也是透過敘述接納流淚（而非詮釋流淚）如何安撫他的內心，來表達重要觀點。

毛衣縮水

有一名疲憊的家庭主婦，某天把羊毛衫放進洗衣機裡洗滌時，不慎選錯洗衣程序。她最喜歡的毛衣因此可笑地縮水了。她其中一名女兒將衣服取出後，儘管覺得困惑，但還是把衣服掛起來晾乾；她對母親提起這個意外插曲，為這件趣事莞爾以對，其他家人也跟著笑看此事。母親則眼眶噙著淚水。只有其中一名孩子注意到了；對於其他人來說，這只是一件羊毛衫，之後就可以把它扔了，這雖然令人惱火，但也不必小題大作。這名富有同理心的孩子起身將母親摟在懷裡，於是她便帶著笑容而淚流。其他孩子對她的眼淚感到驚訝，而且感到尷尬：他們視而不見，也不能明白。她感謝這個安慰她的孩子。她只需要這樣就能迅速轉換到別的事情，就能讓分心、匆忙來安慰損失了喜愛衣服的自己。這只是一點小小的痛楚，沒人看見，或者沒人傷神去看，因此也就沒人去安慰。這本來也不至於是一場悲劇，但安慰的到臨卻是一種恩典，從而改變了母親的眼光。至少當天會是如此，或許改變的時間還會拉得更長，甚至是永遠地改變了。

試圖安慰

如同所有醫護人員，也如同所有致力於幫助、安慰和撫慰的書籍作者，我經常收到來信，有時是感謝函，有時是請求信。我感到有回覆這些信函的道德責任。而沒有什麼比那些心煩意亂的人所寄出，卻忘記寫上地址的信能讓我更加煩惱。我那顆能同理的大腦又開始焦慮，擔憂捲入一連串的災難情節中，因為我想像寫信給我的人，向我傾吐心事後，一天又一天守候著郵箱，卻沒能收到回覆，繼而感到悲傷，而我則令他們失望。我深恐為已經憂傷的人引發更沉重的憂傷。

而一封內容開心的信，一封感謝函，這些都是我們會收到的信函，但就算收到了，我也會心生痛楚，因為我怕不回覆的話，會玷汙寫信人的幸福，會使他們感到絕望，感到幻滅，會把他們推落到生活中苦難和失望的境地。所以麻煩你了，如果你寫信給我，請千萬不要忘記寫上你的地址！

總之，我盡力有信必回，我覺得這是我的義務，是我的三重義務，即身為醫護人員、作者，以及生而為人的義務。有時候我會因為時間有限而簡短回覆；有時候則會回覆較長的篇幅。我由衷希望能夠在遠方提供幫助和安慰。

以下是幾封回信的內容……

致一名罹患漸凍人症讀者回函

在寫信給她時，我明白她即將離世，這是根據她在來信中所描述的情況。這就是為什麼我讓自己「全心全意地擁抱她」，因為我從不對我的患者說這樣的話。但她所經歷的悲劇讓我覺得與她十分親近，所以我想不管對錯，我抒發的感情或許會讓她好過些。

親愛的安妮（Anne）：

感謝你的來信以及你對我們的信任。

我陪伴過許多罹患漸凍人症的患者，和許多他們的親人，我可以感受你正在經歷的一切。身為一名醫師，我知道安慰的言語雖然無力卻又重要，我也知道你身旁有人一起陪伴。我完全理解你選擇離開時辰的心願；我覺得自己也會和你有一樣的想法。然而，我希望你仍然能夠每天對一些美麗和開心的須臾片刻保持敏感，即使這都是變化莫測、不完美，不完整的須臾片刻。*

在面對悄然逼近你的死亡時（正如死亡也是悄然逼近我們，只是從比較遠的地方前來，至少表面上看起來是如此），我沒有其他信念可以傳達給你，唯獨這件事情，那就是我們除了盡力品味當下的幸福，回想過往的幸福並為曾經歷過這些幸福而歡喜外，別無其他事情可做。這是一種微小的自由，與步步進逼的陰影相比，這個自由極其微小，卻可以讓我們去細看生活中的、昨天的和今天的所有光明。但這是你仍然擁有的最美好的自由，它是一種帶有絕妙滋味的自由。

這與服喪同理，我們既感受到失去所愛之人的痛苦，又在內心深處感到與其共度快樂時刻的幸福。只不過對於你來說，這是對自體的服喪，使之更加複雜、痛苦和令人憂心。但我在你來信中的字裡行間，感受到你的力量和清醒的神志，我衷心希望這些話能幫助到你。

我知道我這些話顯得簡短而不足，但我希望這些話能夠滋養你內心已生成的信念和力量。

我會思念著你、為你祈禱，並在我的感情中注入對你的心意。我真心給你一個溫暖的擁抱。

克里斯多夫・安德烈

致一名服喪讀者的回函

她無法將已故丈夫的物品扔棄，遂來信徵詢我的意見。

親愛的女士，

感謝你的來信和信任。你問我有關是否保留原本屬於逝者物品的問題，這是人類心理學中一個最經典的大哉問，因為在某個時刻，我們都會面臨這個問題。

＊在你閱讀這些文字時，她已經離世，而此刻你可以先停下閱讀，向她遙寄一份思念或祈禱，或許她能接收到這份心意；無論如何，我會希望她能夠收到。我與她見了好幾次面，她是一個好人。

最近我母親去世時，我也遇到了這個問題，我不認為在這議題上，有一種「正確」的態度，是可以普遍適用的，因為這一切都取決於我們的個性，我們與逝者所維持的關係，甚至只是基於簡單的事實，諸如我們在家中所擁有的空間。

但儘管如此，要說沒有處理方法也太容易了，所以我會告訴你我的想法；不過要知道的是，這並非普世真理，也不是出自於專家的肯定觀點。在這議題上沒有福音經文的指導！然而，我觀察到我們大多數人通常會找到一個折衷的解決方式，包括保存逝者的紀念品，將其擺放在視線可及之處，或是收藏在一個「回憶箱」裡，讓這些限定數量的物品引發快樂的回憶。

我也見過親人們在自己家裡的一個角落，設立某種小祭壇，放置著照片和紀念品，他們偶爾會到這裡默禱，想著與逝者一起度過的美好時光，感謝逝者所給予的一切。

這最後一種解決方式，即透過思念，而不單純只是囤積物品，來培養對逝者的記憶，我往往覺得是最合適的。

但最好的解決方式會是你直覺上偏好的方式，是能稍稍平復你的憂傷的方式，總之，是能給你捎來安慰的方式，所以聽從你的內心，或許它會為你指引方向。

我會一直思念著你。

照顧好自己。

僅致以誠摯之情，克里斯多夫・安德烈

以簡訊向一名比我年輕，且剛失去孩子的朋友致意

我從一名親人處得知這個悲劇。我猜想她一定感到絕望。我知道她有親友家人隨侍陪伴。在這個時刻，我應該寫些什麼來撫慰她呢？我怕事與願違，怕打擾她，怕讓她更難受。但我想給她打聲小小的招呼。我選擇傳簡訊給她。我只打了幾個字，我尤其不想在她憂傷時強行介入又強出頭。我們喜歡彼此，但我不是她的密友；我也不想滔滔長篇大論來打擾她。所以我寫了最簡短、最簡單，且我認為最重要的內容：

「我思念著你。給你一個最溫暖的擁抱。」

這兩句話前面沒有任何文字（但是她知道），後面也沒有（有何好處呢？）。我在想這算不算是微小的撫慰，或是為她的痛楚增添更多的負擔？而當她回覆我並向我道謝時，我鬆了一口氣。我鬆了好大一口氣。不過不是為我自己鬆一口氣，而是為她鬆一口氣，因為她的回應讓我覺得她還能應對生活且富有活力。

笨拙和簡單的規則

「我總是告訴服喪者，無論是失去了什麼珍愛的人，除了承受痛苦外，他們還都必須準備好經歷一種奇怪的現象，即言語的空洞和說話者的笨拙。」拉比德爾菲娜·奧維勒爾這番全然精準且充滿經驗的話，提醒著世人，對於想要安慰別人的人來說，找到合宜的言語是困難的，但對於被安慰的人來說，聽到不適當的言語是更加困難。

無論如何都需要安慰

這是一名苦於慢性退化性疾病的患者。儘管他接受了治療，病情仍是年復一年，靜靜地、緩慢地，卻又無可避免地惡化。當他被自己的預期和擔憂牽著走時，事情變得無法忍受且難以承受，因為他的未來就是死亡，他看得一清二楚；正如這對我們所有人也是一樣，只是他的時機比他同年代的所有人都要快，包括親人、同事和朋友。或許會先伴隨著苦痛和殘疾，即他所稱的「衰落」。當他這麼說，且當他用這個詞時，我會責備他，這讓他不禁莞爾，因為他知道我從來不會責備我的患者，當然，他欣賞我們在責備這點上面的默契。

他憂心忡忡，他確信死亡正在逼近，這非常糟糕。這佔據我們許多的討論篇幅，但對他來說，只向我傾訴並不足夠。因此，他偶爾會感到需要向其他人訴說。令他惱火的是，他事先就知道自己將會聽到什麼，將會得到什麼回答。有人會對他說：「不會啦，不見得會如此，不會像你害怕的那麼快發生；看看你現在狀況多好；試著不要一直想著這件事情……」

一般而言，這種話會惹惱他。然而，在有些日子裡，他會感到哀愁和脆弱。他也像孩子一樣，還是有聽到這些安慰言詞的需求。

因為這些是愛的言詞。即使他不相信這些言詞，即使如他所說，這些言詞帶著錯誤和不正確的邏輯，並且顯示出對他疾病的不理解，但他感覺到這些言詞仍然會讓他好過些。只有當這些言詞是由一個他所愛的人真心吐露，並且當這個人也被自己所吐露的言詞所感動時，這時才會有效。他察覺到由深切的感情所驅動，發自內心的安慰與較為膚淺的、較為形式化的安慰之間的區別；後著的安慰也會顯得較為憂心，因為當人們為我們所發生的事情感到煩擾時，他們不曉得怎麼安慰我們，會太快安慰我們，彷彿是要在同樣的行動中，擺脫他們的擔憂和所面對的狀況。對他來說，他不希望這些言詞僅僅是出於禮貌或甚至是善意而說出口；他希望這些安慰的言詞是出於愛，是出於真正的愛而說出口。他知道自己將要離開人世，他知道自己將比所有人還早一步從人生列車中下車，但這些言詞讓他覺得好過。哪怕只有一點點，在這些時刻，這一點點就已經很多。這些言詞像是一小塊止滑的墊木，能夠阻止他滑落，滑落到令人恐懼和暈眩的絕望斜坡，那裡總是渴望並吸引那些重症患者，以及即將死去且對此心知肚明的人。

有時會有矯揉造作的安慰、形式化的安慰、表面上的安慰，就像是為了擺脫問題而完成的手續，幾乎比疾病本身更糟。我不會在這裡討論這個問題，我只想簡單提一下安慰的笨拙、尷尬。哲學家安德烈・孔特－斯蓬維爾在他的一本著作中坦言道：「我從來就不懂得安慰。和我一起生活過的女人有時會因此責備我，我理解她們為何如此。如果苦痛沒有減少，那麼生活在一起有什麼好處呢？」一般而言，不善於安慰他人的人並不是生性冷漠，而是因為他們被自己的情感所阻礙，而且他們已經習慣了壓抑和封閉這些情感。然而，安慰的藝術是一種同理心的藝術，且需要先接受自己的情感與他人的情感產生共鳴。對我來說，我曾長時間面對親人的抱怨而感到麻木；如果我感覺自己無法具體幫助他們，那麼我就會感到緊張、恐慌、束手無策，要是我們所愛的某個人因為一個我們無法解決的問題而受苦，那該怎麼辦？他們的苦痛淹沒了我，我的無能為力使我動彈不得，未來讓我感到憂心。即便如此，身為一名醫師，治療距離（譯註：為醫病關係的重要面向）賦予我洞察力和能量，使我的同理心得以發揮作用。自此後我盡了一些力，最終明瞭（並開始實踐）若干簡單的規則：

1. 當處於困境的親人和同儕有了困難，你沒有必要為這些困難找到解決方案，有時候找不到解決方案，所以你應該將自己的好意善心轉向安慰。
2. 開始時要先聆聽對方，並侷限在幫助對方去理解並闡明自己的遭遇，表達自己的情感及擔憂；在可能的情況下，問對方幾個簡單的問題，例如「我們談論這件事時你感覺如何？你有什麼想法？」別試圖糾正或矯正對方的言談。
3. 首先用清晰的言語表達你的感情，並用適度的言語表達你對生活和往後的信心。
4. 別泛泛而談，別談論其他人還有你自己，在此刻只談論你面前的這個人和對方的痛楚。

5. 別忘記所有的安慰都會有延遲的效應，也就是即使安慰在當下那一刻似乎沒用，但總是會循往一條隱密的路徑，最終將會帶來好處。

6. 提醒對方，你將永遠在身旁提供幫助，無論需要的是什麼幫助。以上，你現在已經做了你能做的，還有你該做的，其他的事情就不再是你的責任了。

或許也正因為我過去是個劣等生，一個不擅長安慰的人，所以我對於想要安慰別人卻表現笨拙者保持極大的寬容，甚至抱持著一份溫柔。

對於表現笨拙者的溫柔

我有一位朋友接受肝臟核磁共振檢查，因為他幾年前罹患癌症，近來經過掃描檢測發現肝臟上有一個可疑的影像。於是他去做進一步檢查，而當時是某個星期五晚上。交給他影像光碟片的醫事檢驗師告訴他，說檢查報告要等到下一週才能拿到；接著醫事檢驗師犯了一個錯誤，隨口以「再見，祝你好運」向他道別。這句「祝你好運」顯然使我的朋友感到極為憂心：「假如他是在螢幕上看過令人擔憂的影像後才說這句話的呢？他只是

一名醫事放射師，即使是經驗豐富，他也沒有權力什麼好話、壞話都不對我說，但這句不經意說出的「祝你好運」，絕對不是好兆頭。」我朋友回家的一路上，都在絞盡腦汁思索著這件事。當他向妻子講這件事時，她自己也感到擔憂和生氣，對於醫護人員的笨拙感到惱火。最終，事情有了好結局，肝臟影像是良性的，與他的癌症無關。當他向我講述時，我承認這名醫事放射師在心理學上犯了一個錯誤，並在不知不覺中引燃了他的憂心。我向他解釋說，如果我們感覺到患者有點擔憂（而我朋友還得擔憂好幾天，直到檢查的結果出來），通常在送患者離開時會說這些話。但另一方面，我理解這名醫事放射師，因為，我終究更喜歡一個人們會努力撫慰他人的世界，就算是笨拙的方式也好，而不是一個凡庸的世界，這世界裡的醫護人員，只會脫口說出根據現實情況學習到的，那些規範化、中性化的言語：「您好、謝謝、再見……」

安慰之才

許多人在撫慰別人時可能顯得笨拙。但也有許多人是出色的安慰者。或者，更常見的是女性安慰者，例如我讀過關於安慰內容最優美的書信之一，便是喬治．桑所書寫的信件。

喬治．桑（George Sand）

在一封寄給她朋友古斯塔夫．福樓拜（Gustave Flaubert）的信中（如下所示），會看到她展現了安慰藝術的完整創作，即同情受苦中的朋友，理解他的苦惱，充滿柔情的建言和善意的勸告，同時也很清楚她所提出的一切建議是可以讓對方接受的。桑是一位令人欽佩和慷慨的女性，須謹記在心的是，她寫這封信給福樓拜時，已經罹患重病；她在兩年後便撒手人寰。

諾昂（Nohant），一九八七年十二月八日

可憐的親愛的朋友，

你變得更加不幸讓我更愛你。

你如此煩擾且如此為生活感到痛楚！

因為你所抱怨的一切，其實就是生活；對任何人來說，以及在任何時候，生活不曾更好過。我們或多或少感受生活，我們或多或少理解生活，因此我們或多或少為生活所苦，而我們越是處在我們生活時代的前面，我們受苦就越甚。我們像行經雲層底處上的陰影，陽光幾乎不會，而且也罕能從雲層底處中穿透，而我們不斷對陽光加以斥責，但這陽光卻無能為力。我們得自己掃除我們心底的雲層。

你太愛文學了，它會毀了你，而你卻無法毀掉人類的愚蠢。可悲的親愛的愚蠢，我不恨它，我呢，我投之以慈母般的眼光；因為它是一種童稚，而所有的童稚都是神聖的。瞧你對它的憎恨！瞧你和它的對抗！

你有太豐富的知識和智慧，你忘了藝術以外還有其他：要知道，就是智慧，藝術要達到巔峰永遠要靠智慧的表達。智慧包含了一切：美麗、真實、良好、熱情。因此，它教導我們超越自己去看待比我們自身所擁有更高層次的事物，並教導我們逐漸透過沉思和讚賞將它吸收。

但我甚至無法成功讓你理解我如何看待和把握幸福，亦即要接受生活，無論它是什麼模樣！有一個人可以改變你，拯救你，那就是雨果（Hugo）老爹；因為他有偉大哲學家的那一面，同時又是你所需要的偉大藝術家，而我則不是。你應該常常去見他。我相信他會讓你冷靜下來，因為我呢，我自己的爆發力已不足以讓你能夠理解我。而他呢，我相信他還保有雷霆（foudre）*萬鈞的氣勢，不過仍然具備年長者的溫和與仁慈。

常去見他，並向他訴說你的痛楚，我看得出來，你的痛楚很沉重，而且轉化成太多的惱怒。你想太多死去的人，你覺得他們過度安息。他們並非如此。他們跟我們一樣，他們在尋找。他們努力尋找。我整個人一切都好，並給你一個溫暖的擁抱。我呢，我自己沒有康復；但我希望，無論康復與否，都能繼續再往前走，好能撫養我的小孫女，並能愛你，只要我還有一口氣的話。

＊作為陽性名詞的「雷霆」，這個詞代表神力的象徵（例如羅馬天神朱比特〔Jupiter〕），是由好幾道造型獨特，結合成光束並以箭頭收尾的閃電所構成。

桑並不會妄想她那位有名又固執的後輩，有能力且有意願能夠接受她的安慰言詞，並且能夠質疑她的世界觀。但她仍然努力撫慰他，或許是指望每一句安慰言詞都會隱密地發揮作用。此外在福樓拜人生的最後幾年裡，對於曾嘲弄幸福和良好的感覺，並且犧牲了自己的個人生活去追求文學事業（這倒是為我們這些讀者們帶來了幸福），坦承是自己的錯誤。

弗朗索瓦．德．馬萊伯（François de Malherbe）

另一個有名氣和才氣的安慰者，是馬萊伯及其名著《安慰》（*Consolation*），這是他獻給友人杜佩里耶（Du Périer）的作品，該名友人於一五九九年失去了女兒。以前法國所有的中學生都知道這首長詩，以及其中的論點，即我們都是凡人，不見得能幸運自然衰老，我自己也失去了兩個孩子。因此我帶各位稍微領略馬萊伯的這篇傑作，或至少是其中的某些段落。

馬萊伯看出在他朋友的絕望中，所蘊藏的危險性和恆久性：

「杜佩里耶，你的痛苦將會是恆久不輟，
而你的父親情誼，
所加諸於你內心的哀愁話語，
是否會永遠加深你的痛苦？
你女兒不幸的尋常殞命
從而落入墳墓
這是不是你失去理智
而無法找回的那座迷陣？」

他承認朋友的苦痛是合理的：

「我知道她的童年充滿何等魅力，
但我不會，中傷的朋友
用她的漠視來舒緩你的痛楚。

但她所屬世界裡的最美好事物
卻有最悲慘的命運；
而她像玫瑰一樣經歷玫瑰的生長凋零，
在時空中只有一個清晨的存在。
〔……〕
縱使墳墓將大自然
所結合的事物分開，
不為所動的人有著野蠻人的靈魂，
或者根本就沒有靈魂。」

他提醒說對逝者的愛不該迫使自己受傷害：

「但無法被安慰且將困擾
禁錮在思念她的回憶裡面，
為了去愛別人以獲取榮耀

這難道不是恨自己的表現？」

他解釋說他也曾經受盡服喪的苦，卻也挺了過來：

「我本身已遭逢兩次同樣的打擊，
我眼見自己癱瘓無力；
但兩次經驗後理智讓我恢復生機，
這往昔我已不復記憶。」

他鼓勵放棄反芻思考（rumination）：

「並不是因為墳墓裡擁有了於我
如此珍貴之物而感到悲慟；
但在一個沒有解藥的意外事故中，
我們不應該尋找這款解藥。」

他提醒說無人能倖免並鼓勵接受現實：

「死亡的嚴酷無與倫比。
向它祈求也是徒然，
無情如它將雙耳摀住，
任憑我們哭喊。
窮人處於陋室，屋頂鋪著茅草，
得受它的約束，
戍守羅浮宮柵門的衛兵
無法捍衛我們國王。
對它抱怨並失去耐心，
都是不當之舉：
欲神之所欲是唯一
能讓我們歇息的真理。」

根據他同年代者的說法，馬萊伯是一個頑固且苛求的人。今天讀到他這篇文章，或許我們會認為這樣的言論在理論上是完美的，但在人們絕望的時候，它可能沒有太大的作用，或者幾乎沒有作用。他的意圖不在於情感上的撫慰，反而像是提醒世人面對無可避免的人生哲學，就像古代的斯多葛主義（stoïcisme）式的安慰一樣。毫無疑問，最能從這種言論中記取教訓的人，是那些非服喪者，或者還沒有服喪過的人，且這種安慰因具有預防作用而能達到更好的效果，就像在疾病發生之前先施打疫苗，而不是在憂傷籠罩我們時才提供解藥。

普魯塔克（Plutarque）

但是，當我們要理解過往這些作者的痛楚時，必須永保謹慎的態度。當然，他們總是以一種正式的門面展開他們的安慰言論，激勵持重和尊嚴，就像羅馬帝國的希臘哲學家普魯塔克在離開羅馬遠行時，於得知他的女兒離世後，寫給妻子蒂莫西娜（Timoxena）的著名書信中，所寫的那般：

「我只要求一件事，我親愛的妻子，那就是在苦痛中，你和我，我們都能保持沉著。

對我來說，我明白且能評估我們整個損失的程度；但若是我發現你陷入過度的痛苦中，我會感到比我們遭遇不幸還要更痛楚。」

但是漸漸地，我們看到普魯塔克表達出情感：

「然而，我既不『堅如磐石』也非『鐵石心腸』，這你十分明白，我和你一起培養了這麼多孩子，他們都在我們的家中由我們悉心撫育；我也知道，對你來說，在你生下四個兒子後，想要擁有一個女兒，而對我來說，有機會能給她取你的名字，這是何等非凡的喜悅。此外，我們帶給這些如此年幼的孩子一份愛，具有一種相當特殊的魅力，即他們給予我們的喜悅是如此純淨，如此自在，而能擺脫任何憤怒和指責！」

而他追憶他們的女兒在這一刻變得具體且動人：

「大自然賦予我們女兒令人讚嘆的可愛和溫柔；她回應我們對她親切的方式以及她熱切取悅我們，同時使我們感到愉悅，並展現出她性格上善良的一面。因此，她不僅要求奶媽現身並餵養其他孩子，還要照顧她喜愛的個人物品和玩具；就好比她出於善意，邀請那些為她帶來愉悅的東西，來到（稱得上是）她特殊的個人餐桌上一樣，將她的美好傳達給它們，並與它們分享她所擁有的最讓人愉快的事物。」

接著，斯多葛主義式的激勵再度佔上風：

「我不明白，我親愛的妻子，為什麼在她生前令我們著迷的這些和其他眾多特質，在今日當我們回想起來時，會引起我們的苦惱和紛亂。但我反而更害怕，伴隨著痛苦，這些記憶不會從我們心中抹去……」

賽林（Céline）在他的著作《長夜行》（*Voyage Au Bout De La Nuit*）中，劇情描述主人翁和虛構分身巴達牧（Bardamu），發現普魯塔克寫給妻子的這篇〈慰問信〉（Lettre de consolation），對於他們在憂傷中保持尊嚴表示讚賞，對於他們表面上的嚴格感到驚訝，然後內心發出吶喊：「這總算是這些人自己的事情。當評斷別人的內心時，或許我們一直都是錯的。或許他們真的感到憂傷？那個時代的憂傷？」

朱麗葉．雷卡米耶（Juliette Récamier）和弗朗索瓦－勒內．德．夏多布里昂（François-René de Chateaubriand）

此外，關於自我安慰的部分，還有《墓畔回憶錄》（*Mémoires d'outre-tombe*）的最後幾行文字，這是法國文學中的不朽之作，根據作品的手稿，我們知道夏多布里昂把這幾行文字一氣呵成寫完，未經任何重寫或刪改：

「一八四一年十一月十六日這一天，在寫下這最後的文字時，我的窗戶朝西敞開，面向外方傳教會（Missions étrangères）的花園：清晨六點鐘，我瞥見蒼白而偌大的月亮，它落在剛由東方第一縷金光所揭露的傷兵院尖塔上；彷彿是舊世界終結，而新世界揭開序幕。我看到黎明的映射，卻不會見到太陽昇起。我只能坐在我的墓畔；之後，我將手握十字架，勇敢地墜入永恆。」

夏多布里昂直到七年後才死去，但他知道自己的生命已經走到盡頭，就像所有人一樣，在消逝之際都會感到哀愁和擔憂。因此，他安慰自己的方式，是藉由將他的離去以古風、戲劇性且壯麗的手法載入卷中，為他的傑作（根據他的意願，這部作品在他去世後方能出版）畫下句點。

在周遊世界之後，他以癱瘓狀態結束了生命。維克多．雨果（Victor Hugo）在《所見之事》（*Choses Vues*）中講述了夏多布里昂每天被送到他的老朋友——已經成為盲人的雷卡米耶夫人——床邊的情景，即他們可能彼此安慰，回憶著美好的往日。但讓我們直接透過雨果的話語，來見證這些時刻：

「一八四七年初，夏多布里昂先生癱瘓了，雷卡米耶夫人失明了。每天三點時，旁人都會把夏多布里昂先生送到雷卡米耶夫人床邊。這既感人又令人哀愁。再也看不到的女人尋找再也感覺不到的男人，他們的雙手相互觸碰。願神保佑！人在壽終正寢前，仍然彼此相愛。」

這是童年時期所發生的事情

這是童年時期所發生的事情，但我們擁有成年人的身體和臉龐。我印象是我們身處在土魯斯的一所幼稚園，我對此記憶有些模糊。我們有好幾個人，全在壁櫥裡擠成一團，努力保持絕對靜止和沉默，就像玩躲貓貓或捉迷藏時那樣，怕被發現而不敢呼吸。只是這次是認真的，因為是死神在尋找我們。壁櫥變得巨大，祂進來了，祂雖然隱形，但我們知道祂就在那裡。祂像盲人一樣摸索，把雙手擺在我身旁，但在稍微遠一點的地方，突然找到了某個人，並悄悄地帶走了他。其他人哭了起來，我試著安慰他們；因為我為他們感到憐憫，因為我也害怕，害怕祂聽到我們而折返。但他們把我推開，他們想要繼續哭泣。我自問該怎麼樣才能安慰他們，我想讓他們停止，究竟為什麼他們不要我的撫慰，為什麼他們想要繼續哭泣，繼續顫抖呢？而這就是把我從夢中喚醒的原因，因為我對他們拒絕我的安慰感到驚訝和憤怒。我也無法理解，因為他們堅持抱怨，會把我們都置於險境。

*這是由一位朋友講述，一個關於死亡的夢，緣於我準備寫這本書時，我詢問我的親友關於他們的安慰經驗。

Part 5

接收安慰 並接受安慰

RECEVOIR ET ACCEPTER LA CONSOLATION

在我們的一生中，我們接收了許多安慰。如果沒有這些安慰，也許我們已經不在這裡，或者狀況會很糟糕。如果你覺得自己從來沒有被安慰過，那就再仔細尋找吧！的確，安慰比攻擊少了許多雜音，比被遺棄少了許多側目。因此，它被記住的機會較少。然而，我們應該記住我們每一回被安慰、被幫助、被微安慰的時刻，這些時刻可能比我們想像的還要更頻繁。我們應該記住每一回他人的言詞，或是天空中的一朵浮雲，或是我們竭力吸一口氣，這些在我們一次次憂傷中讓我們好過一些的時刻。若我們能記住這些，將會增強我們對人生、對我們自己、對人性的信心。

但回憶起自己的憂傷和面對痛楚時的孤獨時刻卻更為容易；抱怨則比尊崇更為容易。如此則殊為可惜。

接收安慰

安慰就像是一份禮物……

但接收禮物並非總是易事。克里斯提昂．博班清楚地解釋道：「很顯然，我所擁有的一切，都是別人給予的。〔……〕那麼，為什麼有時會感到陰影、沉重和憂愁呢？誒，那是因為我缺乏接收的天分。」這接收的天分，意思是對於安慰我們的人，我們不會感到自卑或欠債的自發能力。

對於人類學家來說，人類社會中的交流通常基於互惠原則，即一份**回禮**會緊接著一份**禮物**而來；我所得到的一切，我都應該用另一種形式歸還。而當我們處於悲痛時，我們並不總是覺得能夠提供回報，無論是致謝或是付出努力以滿足安慰者。有時，我們的痛楚也會使我們失去安慰交流中對話的意願或能力。而任何交流都必須要放得開：「要被人安慰，先讓人靠近；要把心敞開，即使心已碎。」

安慰就像是移植……

而且總是存在著排斥的風險。因為如果我們思考一下，接受被安慰就是接受、接收和吸收一個與我們當下的「絕望」調性相反的「安慰」元素。接受被安慰就是接受當我們想要尋死時去接收一種要活下去的激勵；接受當我們想要蜷縮在角落裡時去接收一種要動起來的激勵；接受當我們處於絕望之中時去接收一種要有信心的激勵。安慰可能因此像是打破我們已經在內心建立的痛苦秩序。誰不都記得那些我們試圖安慰的親人，他們似乎只有在拒絕我們之後才重新振作，向我們證明我們的論點對他們的情況是一文不值？我們帶著安慰的言詞來到，卻落得被拒於門外的下場。

拒絕安慰

在過去，我長時間拒絕被安慰。當我的祖父去世時，我記得自己躲到一旁，在墓園的小徑上哭泣，並推辭了一名看著我長大並試圖好心撫慰我的鄰居，好讓我自己躲得更遠些。造成這種拒絕安慰的原因有許多，例如對被人看見我的苦痛有所保留（我們家庭沒有流淚或抱怨的文化）；對於情感交流有所保留（這反而是家庭慣例（又是它），無論是負面的情感還是正向的情感，都會予以壓抑和掩飾）。因此，若我開始任憑自己被撫慰，我就會害怕崩潰。任憑自己被安慰就是放任，而放任就意味著置身於危險中。我在對情感創傷加以否認和對接收安慰有所保留的環境中成長。或許這是我成為一名精神科醫師時所尋求的才能或能力之一。結果產生了成效，因為如今我更能接受安慰；我能讓自己在親人面前流淚，而不會（太過於）煩躁，也不會感到置身於危險。我已經變得能夠（結果證明）談論我的脆弱，即使我還是不喜歡在情感和悲傷的衝擊下直接把它展現出來。這條路是我這年紀的大多數人都走過的路，這些人在控制自己情感的觀念中成長。好消息是，我覺得往後幾個世代對此更加清楚，即他們更能接受脆弱和安慰。這或許會讓他們變得更堅強。

安慰有時就像是我們想要強灌給服喪者的食物……

有時他們可能不想要安慰。當我們陷入悲痛時，我們讓親人擔憂，他們有時會認為我們絕對得承受他們想要給予我們的愛。在絕望中，苦惱的人不僅不該「吃自己的心」（按我們之前提到出自伊拉斯謨的諺語），而且必須接受別人提供的心來餵養自己。

而我們所經歷的悲劇越大，強行給予安慰的風險也就越大。每個人都想要撫慰我們。但到了某個時刻，當我們飽和時，我們只有一個渴望，那就是平靜下來，躲避安慰並逃難到一個人們會忽略我們痛楚並且漠不關心的地方。

安慰彷彿是一種食物，也彷彿要遵照著一樣的進程，那就是我們必須接受它，吞嚥它，消化它，吸收它，然後把它轉化為生命力。就像食物一樣，我們可以接納進來的安慰量可能是有限的。而且還有一個原因，那就是對於想要安慰別人的人來說，更要以節制、輕盈、簡單的方式來安慰，比如幾句話，一個微笑，一個舉動，就足以讓人好過，而不至於在服喪者有時已經得承受這些冗長不堪的安慰之際，還來加重他們的負擔。

接納安慰與依附有關

心理學的依附理論告訴我們，我們學會如何依附我們父母接著脫離我們父母，或父母角色對象的方式，很大程度上預示著我們成年後面對連結和困難的態度。對於一個孩子來說，有三種依附的形式：

・在所謂的「安全型」依附中，孩子學到他的依附對象是可靠的、充滿愛心的，他可以信任他們，因此可以探索自己的環境而無所畏懼，因為萬一發生什麼事，他會得到支持。他感覺不必過度害怕困境，因為他在面對困境時會獲得幫助。

・在所謂的「焦慮不安型」依附中，孩子對他的依附對象有信心，但會擔心失去他們，結果因此害怕要是探索自己的環境，會使他遠離自己的安全基地。他擔心困境，並認為若無持續且緊密的幫助，自己是無法應對的。

・在所謂的「迴避不安型」依附中，孩子對他的依附對象幾乎不信任，也因此對其他人也幾乎不信任。他害怕探索自己的環境。當面臨困境時，他認為沒有人能夠幫助他。

因此，一旦孩子成年，根據他們的依附類型，他們對於給予或接受安慰，具有非常不同的態度：

・**安全型**的成年人，將困境視為一個連結到幫助和撫慰的時刻，即他們樂意用自己適當的情感而說出適切的言語來提供安慰，且他們接受並珍惜被安慰。他們是安慰的**適應者**。

- **焦慮不安型**的成年人非常需要安慰（幾乎過度），且會一次又一次，向周遭的人大量請求（通常過度）以便能夠接收安慰；面對他人的痛楚，他們傾向於擔憂和過度安慰，眼中所見的親人都是遍體鱗傷。他們是安慰的**永不滿足者**。
- **迴避不安型**的成年人很難接收任何形式的安慰，更不用說會公開表達和表明他們接受安慰，即使他們可能在暗中對此敏感；但對於他們來說，安慰是一種過於侵犯性的交流。他們也不擅長安慰，甚至對他們所愛的親人，也會拙於安慰，同時也因為安慰似乎把他們束縛在為將來而做出的過多諾言和承諾中，好像安慰了一次就要永遠安慰下去。他們是安慰的**障礙者**（但這是可以治療的）。

接收安慰是自我善待的行為

自我善待意即與自己保持友好的關係。這不是自滿，也不是排除自我批評和質疑的可能性，而是以平靜和建設性的方式引導自我批評和質疑，這不是為了傷害自己，而是為了進步，就像我們批評一位朋友，並不是為了把對方擊倒，而是為了幫助對方思考。

對於一些人來說，這種習性並不那麼容易，他們總是與生活及其危險對抗，因此也總是與自己及其弱點對抗。他們認為善意是軟弱的根源，而軟弱是致命的。因此他們自願否認苦痛和脆弱，因為他們的信念是必須「振作起來」，而不是放任自己。他們認為安慰的需要就是弱者的需要。

筋疲力竭和馬拉松賽

我感覺她快哭了。不到一分鐘，她就會淚流滿面，我看這徵兆非常明顯。我眼角偷瞄了一眼，確認我的面紙盒就在我書桌一角。可憐的她，因為她來諮詢一開始還帶著笑臉，努力用輕鬆、超然的口吻談論自己的不幸，但她的苦痛卻顯而易見。我想告訴她別再勉強客套（「我不應該用我的不幸讓別人感到不安」），要放下她的老習慣，別再掩飾和自我控制。

但我沒有，我很明白她最好還是對反抗和拒絕自己苦痛和憂傷這種荒謬的邏輯堅持到底。一旦她開始哭泣，我們就能好好地交談。但奇怪的是，即使是到精神科醫師那裡看診，我們還是繼續假裝，要強迫自己控制苦痛，但天底下若有哪裡是我們可以卸下心房的地方，恐怕就只有這裡了。

來了，她停止說話了，她的呼吸因為嗚咽而上氣不接下氣；她的雙眼噙滿淚水，她的嘴唇顫抖；她開始哭泣。她第一時間的反應是感到尷尬並道歉。我輕聲告訴她，當我們談論痛苦的事情時，哭泣是正常的，尤其是平常會隱瞞的心事。我讓她擤擤鼻涕。我真想給她一個擁抱來安慰她，因為她讓我非常難過，但在我們這個行業，這未必是一個好主意。所以我只是維持好意，對她微笑，讓她喘過氣來。

她跟我講說去年她的抑鬱發作，這與她過度投入工作和極度忽視照顧自己有關。多年來，她像瘋子一樣工作，沉醉於她的權力和成就，但忽略了所有生活的平衡。接著突然應聲斷裂，她跌落神壇，因為筋疲力竭，疲憊不堪造成抑鬱。多虧抗抑鬱劑，她今天有感覺好一些，但她想知道冥想是否能幫助她不再沉陷其中。當然，這可能會有所幫助。此外還要再加上一些自我善待的練習工作。

在她淚流滿面之前，她向我解釋自己如何在筋疲力竭後能夠「恢復生氣」，她開始參加長跑，並展開密集的馬拉松訓練。我向她表示驚訝，因為在工作壓力之後，她竟然又給自己增添跑馬拉松的壓力？這是個好主意嗎？她不該考慮一些更有助於康復的活動，比如休息、放鬆、無所事事嗎？與其「恢復生氣」，她該考慮的是復原、休養、對自己寬容這些想法吧？

但她並不這樣想。她向來都是給自己壓力。當她受苦時，反而垂頭喪氣，更用力逼自己。

當她崩潰時，便開始自責、內疚，深感失敗。當她覺得好一些時，她又會跟從前一樣，故態復萌。

看來我們還有很多功課要做。

對自己仁慈一如對別人仁慈，都能使我們能夠接受自己的苦痛，並不將其視為失敗，而是視為我們人性的表現。所有人都在受苦，無論是表面受苦還是默默受苦。而不論是待人仁慈，待己仁慈，還是接收仁慈，都像是貼在我們傷口上的敷料，因為這不會改變情況，但有助於情感上的傷口癒合並重返生活的運作。最後，實踐待己仁慈，本身就是一種安慰，也使我們在需要時，更能夠接收別人的安慰。

對安慰敞開心扉是一種謙卑的行為

作為一名醫師，我常常在思考為什麼我們更容易接受治療而不是安慰。因為前者立即帶來舒緩，而後者卻不然嗎？還是因為治療是一時的，並不要求我們介入或是參與其中；而安慰則要求我們努力，即至少要傾聽，且要接受。再者，或許有些人更容易同意接受治療而不是安慰，是因為接受被安慰意味著矮人一截，即便只是暫時的。失敗者才是人家安慰的對象。得勝者只有在受傷時，才需要接受治療。

接受被安慰，意味著接受自己的脆弱和被幫助的事實。接收安慰可能與謙卑帶有連結。自戀者不喜歡別人給他們安慰（且通常也不會要求）。有些人不期待安慰，而是期待關注和讚美。他們想要與眾不同，而接受安慰會讓他們變得平庸，變得尋常，變得普通（至少他們害怕如此），因此當他們苦痛時，他們不願變得平庸、尋常、普通。

關於驕傲和安慰的故事

在一場家庭聚會上，有一名女士哭了，起因是她其中一個風趣但不夠可靠的兒子，由於住得很遠，本來預計要在這個週末加入大夥兒一起團聚，卻再度錯過了他的火車，這可能是在經過一夜狂歡後造成的。一名表親試圖安慰她，告訴她自己也是常常對自己兒子操同樣的心。但這位女士卻轉哭為怒，說這根本安慰不了她，她才不在乎別人的不幸。表親在安慰策略上犯了兩個錯誤，即時機錯誤（過早安慰）和自戀錯誤（暗示這種痛楚並不獨特）。這名哭泣的女士可能不單只想要被安慰，首要是被同情，甚至是被讚美。以她的遭遇來說，「看看自己感到遺憾，和人比較感到安慰」（je me regarde je me désole, je me compare je me console）這句格言並不適用。

有些人實際上既不希望被安慰，也不希望被建議，而只單純想要受到關注。當我們想要安慰他人時，重點是不要將需要被安慰和需要被同情混淆。對某些人來說，被同情有時會給予他們威望和尊崇，被安慰則不然。

我們經常觀察到，那些反覆抱怨的人，比表面上更加在意自己的受害者身分，其實他們是想要以自己的不幸和堅忍而受到讚賞。在法語中有一個幾乎不再使用的昔日用字：「dolent」。一個「dolent」的人是指「感到不幸並試圖引起同情的人」。令人驚訝的是，倒是沒有一個字是用來形容「感到不幸並試圖引起安慰的人」。無論如何，假如我們想要安慰一個「dolent」的人，可得小心謹慎！

無法被安慰者

在安慰這個有點哀愁的人間喜劇中，有一些鮮明的角色，如（總是要求更多的）「永不滿足者」、（無法被安慰且被遺忘的）「不幸者」及（拒絕安慰的）「無法被安慰者」。

無法被安慰者是崇高還是嚴格？

無法被安慰者的姿態有著一種迷人之處。我們所熟悉的內瓦爾（Nerval）那著名詩句：「我是陰鬱的人，是鰥夫，是無法被安慰的人……」無法被安慰者這個角色，帶有悲劇性的美和尊嚴，這叫人如何不加以認同呢？至少遠看的話是能夠認同的。

但若是近看呢？像所有的極端一樣，這種姿態具有某種致命的特質，可能意味著盲目和不妥協。因為事實上，接受安慰有時被理解為一種貶低，一種對憂傷和哀悼的不光彩屈服。在某些無法被安慰者的眼中，安慰似乎是與現實妥協，與充滿不公正和不完美的人生交易。這就是為什麼他們拒絕安慰的原因。

服喪母親一顆既破碎又無法被安慰的心

當然，無法被安慰也取決於絕望的強烈程度，這就是為什麼即使接收了安慰，服喪者的心中，幾乎總還存有一部分是無法被安慰的。可以肯定的是，在巨大的憂傷、創傷和無法挽回的損失之後，生活將永遠都不會再像從前那般。很多人在服喪後，仍然保有這種深切的苦惱。而這種苦惱理所當然在失去孩子時最為強烈。在人類歷史的記述中，我們可以看到許多服喪的父母角色，他們拒絕所有的撫慰，例如聖經中便有相關描述。聖經中的父親們，為了他們的痛楚吶喊，如雅各（Jacob）為約瑟（Joseph）哭泣：「他所有的兒女們開始安慰他，但他卻拒絕安慰。」不過在這些記述中，出現最多的是母親角色，經常在她們身上看到，傷口似乎永遠都無法癒合，就像拉結（Rachel）「為她死去的孩子哭泣，而不願人家安慰她」。

記者洛荷・阿德勒失去一歲的兒子，她在一篇淒美的見證文章中如此闡述：「我無法被安慰，但這並非我所能決定。〔……〕起初，我們希望時間（正如每個人都勉力告訴你的那樣）『會解決問題』。〔……〕但實際上，隨著年復一年，我變得越來越無法被安慰。」她相當準確地描述了一種潛藏憂傷的持續性，這種憂傷會因為少數的事情（如救護車的警報聲）或沒來由而重新被喚起：「在某些時刻，無法壓抑的啜泣會抓著我不放，它從腹底湧上喉頭，我無法控制它，有時候強烈到我根本無法呼吸。〔……〕每年都會發生這種情況好幾次，總是在我獨處的時候，並時常會在寂靜的時候發生。在其他的時間裡，我不曉得我的憂傷在哪裡。」

另一名服喪的母親，安朵芬．朱莉昂，如此描述她無法被安慰的狀態：「在歷經考驗後，不在於苦痛後的生活，而是在於苦痛中的生活。」

無法被安慰可能沒有外部的、引人注目的、誇顯的特徵，而僅能證實為一種潛藏持續的憂傷，這種憂傷無法言喻。我某天讀到哲學家伊莉莎白．德．馮特涅（Élisabeth de Fontenay）所揭露的自白，她提及自己失去了五名近親，均死於奧斯威辛集中營（Auschwitz），接著補充說道：「我沒有從中恢復過來，我越來越無法從中恢復。」當面對世界的殘暴時，無論是當今的世界還是過去的世界，一個人可以就這樣，默默地維持這樣的狀態。

絕望地拒絕安慰

但是無法被安慰也可能是關乎頑強的抵抗，是為了能夠維持在被視為忠誠（對於服喪者）或神志清醒（對於某些晦暗和不切實際的心靈）的苦痛中而抵抗。瑞典作家斯蒂格．

達格曼（Stig Dagerman）便屬此例，他留給世人一本以此主題書寫的名著，這本書是一本珍寶，既簡短又晦暗、絕望，甚至是有毒害的：《我們對安慰的需求無法滿足》（Notre besoin de consolation est impossible à rassasier）。

造成他長期憂傷和抑鬱傾向的根源，可能來自於他年幼時被母親拋棄。儘管他後來由父親和祖父母撫養長大，並成家立業，成為一名成功的作家，但他終其一生，都被一股猛烈的自我摧毀傾向、一股深沉的憂傷及一種堅拒各式安慰的心理所困擾：「我憂喜參半，渴望看見我的房屋倒塌成廢墟，並看著自己被遺忘的白雪掩埋。抑鬱就像是一組俄羅斯娃娃，在最後一個娃娃體內，暗藏著一把刀、一片剃刀刃、一份毒藥、一片深水，以及朝一個大洞的縱身一躍。」

達格曼似乎將任何的安慰都視為一種妥協，是一種近乎卑劣的行為：「對我而言，我像獵人追捕野味一樣追獵安慰。我只要在林中任何一處瞥見它，便朝它射擊。」、「但也有些安慰是不請自來的，它們可憎的喃喃低語，充斥在我的房間裡。」

他真正理想的安慰是自由的安慰：「〔……〕對我來說，真實的安慰只有一種，會對我說我是一個自由的人，我是一個不可侵犯的個體，我是一個在自己的界限內擁有主宰權的存在，這才是真實的安慰。」但這是一種理論上的自由，它帶著完美、絕對和單獨的特性，因而是一種無法實現的自由。達格曼在三十一歲時自殺，除了為抑鬱所苦外，可能還有他因堅拒各式的撫慰，使自己受到孤立和虛弱的折磨所致。

有些人似乎想要維持他們開放性的傷口，就像被一種虛無主義（Nihilisme）的邏輯所迷惑：「**某物**（quelque chose）總有缺陷，只有**虛無**（rien）是完美的。」同樣地，**某人**（quelqu'un）總有缺陷，唯有**無人**（personne）是完美的。因此，這些人大喊：「永遠沒有人能夠安慰我……」這代表了一種自傲和絕望交織的言論。道德家蕭沆（Cioran）曾這樣寫信給他的朋友利恰努（Liiceanu）：「一個偉大的失眠者培養出不再屬於普通人這種格外令人討喜的感覺。」這是不是一種他對自己嚴重失眠的安慰方式？無論如何，別評判這些態度，每個人都是衡量能耐後盡力而為。只是我們要避免自己對這些態度重蹈覆轍，或者避免讓這些態度使我們迷失方向，因為讓自己鐵了心總是一個錯誤。這就是為什麼我特別喜愛羅曼·加里（Romain Gary）的這句話：「只有當一個人無心時，虛無才會在人心中趁虛而入。」就讓我們保持我們柔軟的心吧。

安慰就是愛。接受被安慰，就是接受被愛

「語出一名小女孩，這小女孩唯一的玩具，是一個又髒又破的舊娃娃。有人對她說：『你的娃娃好醜喔！』她拿起玩偶，輕撫著它，然後邊把它遞給對方，邊回答：『現在它很漂亮了！』」這則由古斯塔夫・迪邦講述的簡短故事，所告訴我們的是，一名小女孩的感情改變了一個娃娃。我們成年人的憂傷也可能會被別人的愛所轉化嗎？

「我們無法做出偉大的事情，只能做一些小事，但用的是大愛。」這句出自德蕾莎修女（Mère Teresa）的引文，對於安慰來說是非常適合，即給予安慰的人有自覺，知道自己只能給予這一些，知道不會有具體的改變，而且他不會得到任何回報。而這反映出，接收安慰的人此刻既可憐又貧窮，也無以為報，或是微薄的回報。然而，在所有這些**幾乎微不足道**的事情上，安慰的痕跡可能會永遠存在。

愛是建構或摧毀人的力量，是我們接收或缺乏的愛，是我們呼喚或給予的愛。愛的存

在與否，愛的不足或過度，總之所有人的生命在很大程度上，都可以如此涵蓋。

我們時常錯誤地要尋找浪漫的愛，就像愛著保羅．瓦勒里（Paul Valéry）的作家凱薩琳．波茲（Catherine Pozzi）這句祈禱文：「給我愛否則讓我死。」激情的愛有時是一種啟發，但往往會成為不安或絕望的根源。而安慰我們的真理更是自發在一旁伴隨謙卑和日常的愛，這種愛不會裝腔作勢，也不會自命不凡。

「就算我會說人類和天使的所有語言，若我沒有慈悲，若我缺乏愛，那我只不過是一個會鳴的鑼，一個會響的鈸而已。」當聖保羅（saint Paul）在《哥林多前書》（*Première épître aux Corinthiens*）中頌揚愛的美德時，他指的不是對單獨一個人的浪漫愛情，而是指基督教的**仁愛**，亦即對同胞那份帶有善意的愛，無論這位同胞是哪個人。

大約兩千年後，正向心理學領域的一名先驅研究員芭芭拉．佛列德里克森（Barbara Fredrickson），向我們傳達了幾乎相同的言論，即她認為愛是「最崇高的情感」，是不可或缺的，而且具有無數的益處。但就像聖保羅一樣，她談論的是一種更廣泛、更浩瀚、更深刻且無處不在的情感，而不僅僅是傳統的愛戀感。這種愛有許多表現形式（從激情到感情），幾乎牽涉到我們所有的夥伴，且它不佔有，而是奉獻，亦即我們希望別人的愛和我們自己的愛一樣多，甚至更多。

因此，能夠安慰的愛是一種帶有千姿百態的愛，例如親人富感情的言詞，同事的支持，鄰居的友善。這種簡單而仁慈的情感不見得以穩定的形式呈現，也不是恆久的表達和展示，而是一種暫時的現象，它可以在我們整個生命的過程中被**無限**激發和換新。因此，這種愛的觀念既比我們傳統的愛情觀更加浩瀚和開放，同時也更加柔韌和機動。兩個人之間持久的愛情，不過是這些感情共鳴時刻的定期更新。情感並不持久，愛情也一樣，但愛情時刻不斷地重複，滋養了人與人之間的關係，使得關係更加豐富、更加鞏固，使生活和相處時的關係更加愉快。

以此意義而言，安慰因而是一種愛的行為，它是最美好的事物。它屬於同情的範疇，即我們接近受苦的人，而不是遠離他們，且我們是以親切的方式接近他們。這與同理心不同，因為同情是同理心和愛的結合。或是假如愛這個字眼讓你感到不適，那麼不妨稱之為**感情**；**感情**這個字眼也是很美的！

愛滋養了安慰，對於安慰者還是被安慰者皆然。對前者來說，愛賦予了做好事的力量，不嘆息，不期待效果或回報；在自己不當安慰之後，甚至能接受打擊和責備。對後者來說，愛賦予了接受建議的力量，不再退卻。這意味著接受停止與苦痛有關的信念：「我正在受苦，所以我知道；我知道什麼對我有益，我需要什麼，別人應該對我說什麼，做什麼。」

我記得所有的患者，以及所有的人，面對建議一開始就回答「對，但是」時，會盡全力解釋說這是不可能的；結果他們會在多年後聽從這些建議。為什麼我們能這麼有自信，這麼堅信只有我們知道什麼能幫助我們和什麼能安慰我們？為什麼苦痛會使我們變得僵化，而不是變得柔軟？那麼，若在安慰中對方提出的建議讓我們感到不適，至少讓我們努力不要全盤否決，而是加以過濾，即若建議中的某部分讓我們感到不舒服，就把它們濾掉，然後只保留愛的部分！

接受安慰：一種生命的態度

亨利．大衛．梭羅（Henry David Thoreau）於一八六〇年一月，在他的《日記》（*Journal*）中寫道：「我們在生理、理智或道德上只接收我們準備好接收的東西。〔……〕我們只聽到和感知到我們已經半熟悉的東西。」而我們只會根據自己對世界的看法來接納安慰，即我們準備好要接受生活會帶給我們傷害嗎？我們和安慰的關係所反映出來的，有點像是我們的世界觀。

月台上的一名女士

這是在搭乘高鐵（ＴＧＶ）旅程中所觀察到的一幕，即到某個站停留期間，我瞥見月台上有好幾位法國國家鐵路公司（ＳＮＣＦ）的工作人員圍繞著一名坐在輪椅上的女士，有一台機器設備可以協助她進入車廂。人員對設備的操作迅速，這名女士在幾分鐘內便上車並被安置到殘障人士的專屬位置。我對這個機器設備的效率印象深刻，也為她感到高興，因為這一切都讓她能像所有人一樣旅行，真的是太好了。然後我在想她是否也感到高興，還是正好相反呢？最後，這整個安排是否稍微安慰了她的殘疾：「我不幸癱瘓，但幸運的是我生活在一個會努力幫助我的社會」？還是說這讓她感到遺憾，因為這安排提醒她，她和別人不一樣：「我多麼希望用我的兩條腿搭這班火車，而不需要如此勞師動眾」？遺憾和安慰之間的界線有時是一種看待事情的問題，就像在人生中的許多時刻一樣。任何形式的幫助都是一樣，即我們應該高興接收幫助，還是因為需要幫助而感到遺憾？因此，任何安慰都可能是一種遺憾。

我們要勉力讓自己在憂傷中保持可安慰的狀態，這是一項浩大的工程，儘管充滿了痛楚和絕望，但別過於鐵石心腸，也別對那些倖存者過度責難。接受聆聽安慰而不妄加批判；接受採取信任，從別人施予的感情和支持中獲得滋養和增強力量，且不見得要感到被迫去遵循別人提供的建議，懂得辨識出笨拙背後的善意。

接受去接收安慰，也是一件非常困難的事情，我們甚至在當下那一刻都不會意識到，但這解釋了某些我們會有所保留的原因，因為這是承認失去的可能永遠一去不復返。我們要接受這種想法，即另一個平行世界剛誕生，它不是我們選的，也千萬別選它，不過往後我們卻得在這個世界裡發展。

因此，涉入安慰不再意味著對抗困境，而意味著和現實、命運、人類（其中的鐵律是，別因為受到打擊而去責備任何人）以及重建和平共處。我們必須永遠屈膝以接收撫慰和安慰。假如我們還是在對抗困境（畢竟，我們有時保持對抗狀態是有道理的），假如我們認為仍然可以改變現實並重新掌控局面，我們就不會去接受安慰。

要被安慰，就需要從自身解脫，轉向別的事情，而不是朝向唯一的苦痛。要被安慰，就需要打開視野，並接受環顧世界，而不僅僅是看自己的缺失或不幸，去看這世界現在的模樣，去看整個世界，即不僅僅是看它的醜陋面和痛苦面，還要看它美好和善良的那一面。從我們接收安慰的方式中，或許會因而顯現出一整個生命的視野和一整個智慧。

這就是我唯一的安慰

這就是我唯一的安慰。我知道絕望會頻繁復發，而且都會很深刻，但奇蹟般解脫的記憶，像翅膀一樣帶著我飛向一個讓我暈眩的目標：一種超越安慰，且更甚於哲學的安慰，亦即一個活下去的理由。

斯蒂格・達格曼，
於一九五四年自殺的前兩年。

LES VOIES DE LA CONSOLATION

Part 6

安慰的途徑

在聖經《詩篇》第二十二篇中，記載了這句說法：「有人把我的靈魂放在正確的方向。」有時候這確實就是我們所感受的，即當我們在自己的生活中感到迷失時，一個人、一段閱讀或一場經驗便能把我們的靈魂放在**正確的方向**。雖然問題沒有解決，但我們更清楚自己該做什麼，我們瞥見自己待走完的路。從現在起就輪到我們向前邁進了。

安慰因此努力把我們的靈魂放在正確的方向。我們無法強迫安慰採行這個正確的方向，但我們努力讓安慰將目光投向生活而不是死亡，投向幸福而非絕望，投向意義而非不著邊際，投向和諧而非騷亂。

實際上，不是只有**一個**正確的方向，而是無數個。安慰無處不在，例如它存在於大自然的力量中，在行動的運作中，在藝術的慈善中，在冥想的樸素中，在人們互道關於命運或人生意義的故事中，在信仰的諸多奧義中，或是從來世給予我們安慰的眾多成謎面孔中。

提供我們安慰的途徑多不勝數。但只有我們自己能夠踏上這條途徑，因為沒有人能夠為我們代步。

大自然，偉大的安慰者

一九三七年八月，於蘇聯史達林恐怖統治期間，共產黨員葉夫根尼婭·金茲堡（Evguénia Guinzbourg）在政治審判中等待法官的判決，而在未審先判的情況下理所當然會以敗訴收場。但她沒有怨嘆，反而是抬起頭，看向法庭外：「窗外矗立著高大陰暗的樹，我激動地聽見樹葉隱密又鮮明的低語。我相信這是我第一次聽見。樹葉的窸窣聲令我感動！」儘管審判不公，她仍然獲得了安慰。

納粹集中營的倖存者維克多·弗蘭克（Viktor Frankl）在他的回憶錄中講述了他如何努力保持人性和尊嚴，其中提到這一段話：「某天晚上，我們躺在陋室的黏土地上，一整天的勞動使我們筋疲力盡，湯碗還拿在手上，突然間，一名同袍奔跑進來，要我們往外走到點名廣場（place d'Appel），儘管我們筋疲力竭，儘管外面寒冷，就只為了不要錯過壯麗的日落。」儘管經歷恐怖，他們仍然獲得了安慰。

「〔……〕頭顱凹陷，腹部癱瘓，肺部結痂，脊椎被螺釘固定，臉孔變形」，席爾凡·戴松（Sylvain Tesson）在一場事故後躺在醫院的病房中：「窗邊的一棵樹用盎然的喜悅激勵了我。」儘管疼痛不堪，他仍然獲得了安慰。

親生命性（biophilie）與生命性安慰（bioconsolation）

只需翻閱一本描述遭遇各種考驗的書籍，就會發現大自然通常是一個巨大的撫慰來源。它的好處不僅是單純逃避過於痛苦的現實，它更是一種深刻的生命智慧和遠古留傳的本能反應。

在痛楚和困境中轉向大自然，這不僅是轉移注意力，而是一種安慰的形式。它呈現出回歸的樣貌，是一種讓人感到安慰的回歸，即一種被理解為重新扎根的回歸。重新成為動物，甚至是植物，沒有言語，因此也沒有多餘的傷痛。艾蒂·賀樂孫（Etty Hillesum）如此寫道：「我們必須變得像生長的小麥或落下的雨水一樣簡單和無聲。必須只滿足於存在。」當脫離精神的世界時，會發現有時可以脫離精神苦痛的世界，只需要面對眼前的困境，而不讓我們的思慮加劇苦痛。

人類對大自然的愛源於親生命性，這是一種模糊而深刻的感覺，亦即我們在身處之地，也有其他能夠滋養我們、支撐我們、修復我們、安慰我們的本質。或許來世會是極為美好的，在那裡的所有事物或許都會被復原和修復，我們所有的傷口或許在那裡都會永遠痊癒；但在這世上，則只有安慰。

大自然的安慰不僅是一時的幫助，如凝視大自然便能帶來片刻的舒緩。大自然的安慰也會持久發揮作用，使我們在面對長期的困境時能夠堅持下去，正如羅莎．盧森堡所述：

寫於一九一七年三月十五日的書信：

而且，相信我，我目前在監獄度過的時間（一如許多其他人），並沒有白白浪費。這段時間將以某種方式體現在絕佳的平衡中。〔……〕而最終，一切都可能，會變得清晰〔……〕，畢竟，我已經對生活感到如此欣喜。〔……〕

我每天都會去探望一隻背上有兩個黑點的紅色小瓢蟲，我把牠養在一段樹枝上一個禮拜了，無論風寒，都一直把牠包在溫暖的棉質紗布裡。我觀看著雲朵，它們總是新穎，每一次都更美，而我打從心底，都不覺得自己有比這隻紅色小瓢蟲更重要的。在這微小瑣碎的感受中，我感到無法言喻的幸福。

寫於一九一七年七月二十日的書信：

我對這些鵝卵石所感興趣的，是它們多樣的色調，全部有紅色、藍色、綠色、灰色。尤其是綠色植物在漫長的冬季裡會令人有所期待，我渴望色彩的雙眼在這些石頭中尋找著多樣性和興奮感。〔……〕

我跑到窗邊，動也不動，宛如被施了魔法：

在單調的灰色天空中，一朵巨大的浮雲飄向東方，它帶有粉紅色澤，呈現超自然的美，形單影隻，與一切脫離，彷彿來自遠方陌生人的微笑或問候。

我深吸一口氣，宛如得到解脫。〔……〕

若有如此的色澤和形狀，那麼人生便是美好的，也值得活下去，不是嗎？〔……〕

沙地在哨兵緩慢而沉重的腳步下，發出嘎吱聲響，當我們懂得聆聽生命時，這即是生命在沙地裡吟唱。

時值我們地球歷史的此刻，大自然正瀕臨危險，研究不斷顯示它對人類健康的有益程度，無論是對身體健康還是心理健康皆然，當然，這兩者是密切相關的。但它也能夠帶來安慰，因為它將我們的注意力擴展到我們的痛楚之外，它讓我們感覺自己屬於比自己更浩大的事物，它讓我們暴露在毫無聲息的美好中……總之，它能幫助我們並不足為奇，甚至當我們感到憂鬱時，也能減輕我們的悲傷，使我們產生平靜的感覺。

大自然將我們重新連接到它漫長的時間，這寧靜的時間既是流動的也是不斷在改變的；而苦痛則把我們囚禁在現時痛苦下無法行動且動彈不得的狀態。這片森林、這片海洋、這座山、這片天空在我們之前就存在了，在我們之後也還是會存在。這可能讓我們感到絕望，但這往往也安慰了我們。為什麼呢？因為我們感受到大自然並非外在於我們（否則我們會經歷到悲痛和孤獨感），而是內在於我們，即我們屬於它，它包容著我們，我們是它龐大家族的一個支系。它是我們無限擴展的自我。它將我們的注意力引往我們自身和人類處境以外的其他事物：「只要是我與世界分離，我就害怕死亡，既然我沉迷於生者的命運，我就不去凝視永恆的天空」，阿爾貝．卡繆如此寫道。

山巔的安撫

這是一個夏日清晨，我在朋友家，天剛破曉。房子還在沉睡，我走到陽台，白日昇起，我和天空、山脈以及似乎也還在打盹的安靜大湖獨處。遠處車輛隆隆噪音從穿越山谷的路上開始放大，並一路傳來此處，低沉聲響隱約可辨，因為人類同胞又再度忙碌騷動了起來。在世界上的這一個地方，在這個時刻，散發寧靜的氣息。我用寧靜滋養自己，我與寧靜交融，我融入了寧靜。身而為人我已不復存在，而是作為一個浩大整體中沉靜而無懈可擊的一部分，我不再是世界的旁觀者，而是進到這個世界裡。此時我感覺自己不需要被安慰。為什麼此刻會有痛楚和需要安慰的念頭？我忽略這個念頭，或許是因為這是一個超越時間的片刻，如此不尋常且如此簡單，如此與日常煩擾截然相反。或許是因為我沉浸在此世唯一確定的安慰中，即感受普遍而永恆的生命。我想知道我究竟是在幻想還是在領悟；很顯然，沒有答案。所以，我自忖無論如何都確信自己有一種感受，它如此強烈，因而能夠回應此刻的一切。寧靜如同沒有煩擾，所以毋須安慰。當前無痛楚，過去的痛楚彷彿已被抹去，將來的痛楚被擋在門外。這些對世界全然覺知的時刻，是我們生活的能力和應對將來困境的能力的強化劑嗎？此刻我深信不疑。我的感覺如何？不是「堅強」，因為我剛剛心靈寄託的地方不需要力量。在我身處之地，我的感覺反而是穩定、有能力。我的感覺不是堅強，而是感覺自己攝取到圍繞在我周圍的一種力量，並從中獲得滋養。正如有些人會滋養我們，而有些人卻會榨光我們一樣，有些環境會吸納我們（如都市，或明確而言是過負荷的都市），而有些環境則會餽贈我們（多數情況下是大自然）。

動物的撫慰

安慰也可以是由動物帶給我們的。動物和大自然一樣，對我們的傷痛抱持沉靜的冷漠態度；或者至少對我們傷痛中那些無用的部分，例如對傷痛的意義、對傷痛的影響範圍，以及對我們內心擔憂和晦暗的小劇場和情節等，都是抱持沉靜的冷淡態度。動物只看得到我們的悲痛，從而能對我們表現出感情的意圖：「我們應該為動物們美妙的純真致上謝意，並感謝牠們以擔憂的眼神溫柔地注視我們，且未曾對我們有任何指責。」

有許多研究均證實有寵物時對身心狀態所帶來的影響，尤其是對處於悲痛狀態的兒童，諸如父母離婚，到戰爭狀態，乃至於二〇二〇～二〇二一年新冠疫情期間的封城等。但這些針對身處悲痛狀態的人所進行的研究結果並不一致，因為買給自己一隻寵物並不足以讓人好過些或是得到安慰；我們與寵物在長期中所建立連結的品質、彼此的實際關係、一同度過的時光等因素，才是有效的關鍵，而不僅僅是擁有一隻狗或一隻貓而已。

我記得一位自然療法師的朋友，正處於癌症末期的階段，他告訴我是如何看著他的狗兒們在他身旁打盹和呼吸的，以及牠們如何隨侍在側，如何給予無條件的愛，如何提供持續、沉靜且不擔憂，也不勉強掛念的陪伴，所有這一切是如何撫慰了他。狗兒們總是全心全意地愛我們，不在意我們窮途潦倒、失敗、墜入深淵；從不受我們的疾病打擊，就算是絕症也一樣，也從不因我們的抱怨或晦暗的心情而洩氣，願意陪伴我們直到最後一口氣。

安慰也可以是由野生動物帶給我們的；透過觀察鳥類或昆蟲的動作，我們可以得到撫慰。作家路易－荷內．德．佛黑（Louis-René des Forêts）在他衰老的人生末期，注視著他花園裡的無數小生物，被牠們勤奮的特性感動得老淚縱橫（因為得到安慰？），正如他所寫的這段令人感動的文字：「他注視著這些勇敢的小生物，牠們忙碌不休的活動，使其熱淚盈眶，或許是出自於對老邁的憐憫，因為他自己今後將被迫無所作為，抑或是出自於感情脆弱，因為面對這座季節性生命的迷你劇場，對他而言，只有在失去所有希望時才能夠激發出這種感觸。」縱使我們心力交瘁時，所有生命的景象都會讓我們在心中重新燃起些許生機。

因此，我們可以被鳥兒的飛翔、昆蟲的採蜜活動、甲蟲的笨拙行走所安慰。因為我們當時沉浸在自己所見到的景象，並被帶回到生命的力量中。

我有一名患者，他透過凝視樹木而得到撫慰，某天他對我說：「樹木不會問問題，它只是生長、活著，使一整群生物都受益，包括我們在內；它完成了自己的使命，然後死去；

有時候，它會在別處重生。所以我們自忖，這對我們來說肯定也是如此，儘管這超出了我們的理解範圍。」

行動與消遣

「當我一得知您遭貶黜的消息，我即自允榮幸寫信予您，藉以表達我的惋惜之情。而我現時寫信予您，是告訴您當吾人不能品嘗喜悅之時，至少須避免憂傷。若您身處之地存在若干正直之士，其交談將允您自失去的陪伴中獲得安慰。若您遍尋不得此等人士，則書籍與美饌得予您莫大的助益，以及十足溫柔的安慰。」

聖－艾弗蒙（Saint-Évremond）是一名鬥士、文人及仕紳，他在這封日期標示為一六七四年的書信中，寫給被逐出宮廷並「流放」到奧爾良（Orléans）的奧洛訥伯爵（comte d'Olonne），提出了一個對我們來說略顯簡單的安慰。我們可以理解他的觀點，因為在他那個時代還沒有心理學這門學科；此外，這個善意且友好的方案或許適合伯爵的品味和能力。而且，這個方案有一個簡單的美德，就是敦促他的通訊對象去行動、連結及消遣。

絕望會使我們動彈不得且使我們無法行動。我們人可能是透過反射作用的遺傳而被如此設定，這些作用最初是為了應對身體疼痛，因而使整個身體或受苦的身體部分保持不動。但精神上的痛苦同樣會使我們無法行動，於是悲傷的行為層面就開始在我們身上顯現出來，例如遲緩、意志消沉……

在絕望中，即使有時一切皆肇始於哀嘆的失序舉動，最終卻往往是蜷縮與無法行動的誘惑勝出，這只會加重我們痛苦的感受。因此透過動作和行動方能帶來撫慰。

行動的安慰是切實的。即便在極度的絕望中，當我們知道自己將衰退或死亡，甚至在失去親人時，行動能將我們的注意力轉向外界的活動，而苦痛則會使我們從原本圍繞著我們的世界中轉向，使我們動彈不得並總是帶我們回到自我和痛楚中。

在深切憂傷的時刻，行動就像是止痛藥，雖然不能解決問題，但可以減輕疼痛。安慰的作用不足，但能真正帶來安撫。行動能帶來舒緩，舒緩是行動的開始。

在第一時間，由於行動的作用，我們會短暫忘記自己正在受苦和正處於不幸。

接著，在第二時間，一種接近真正安慰的東西會浮現，即純粹的舒緩，一旦停止，便會讓我們回到悲傷的原點；安慰往往會讓我們稍微前進，並不知不覺地產生變化。這是什麼機制造成的呢？可能是因為透過行動，諸如與共同行動中的他人、與世界，以及本身，從而使我們能重新建立連結。而這個本身是感受到行動力的（感覺自己能夠活躍或能夠在所處環境中活躍），簡言之，是某種形式上重新連結到生活運作的，而不是去重新連結到不幸、巨大悲痛或單純悲傷、無法行動及動彈不得的狀態。

有時，有些人會像依賴藥物般尋求行動的慰藉，如在服喪時，許多人會用工作或運動來分散注意力，直到上癮。這麼做是為了忘卻一切苦痛。當然，在安慰的領域中，行動的正確用法，並非尋求失憶和筋疲力竭（我們使身心疲憊以磨損痛楚）。正確的用法，反而是把行動作為一種方式，能暫時中斷纏繞著的憂傷和令人感到恐慌的苦痛，並希望在回到痛楚時，能夠逐漸地減輕痛苦。

用步行來安慰自己

最簡單且最具撫慰效果的行動之一，便是步行，因為它使我們回到原始狀態、本質和當下。起初，步行是一種舒緩，接著若我們能夠在此刻每一步中放下自己，它便成為真正的安慰。步行將簡單性、動物性，亦即最基本，進而最無庸置疑的生命重新引入了身體。如同大自然，步行也是對每個人都有好處，不論這個人是否正在受苦。但也正如大自然，步行能為絕望者帶來獨特的東西，即步行能將其注意力從因受苦而無法行動轉移到能夠向前邁進，步行能藉由催眠般的重複步伐來安撫情緒上的不安，步行將絕望者帶到戶外，強迫他們去看其他的事物，而不是在自己躲起來的避難所裡盯著牆壁看。

經歷恐怖後的步行

普利摩·李維（Primo Levi）從奧斯威辛集中營獲釋數週後，儘管健康狀況不佳，他卻興奮地在卡托維策（Katowice）周圍漫步，好讓生命的氣息滲透到全身的每一根纖維裡：「我置身在美妙的早晨空氣中，走了好幾個鐘頭，把空氣當成藥一般吸入到我損壞的肺底。我雙腿確實不太穩，但我感受到一種迫切的需求，要藉著步行重新掌控我的身體，和斷絕接觸近兩年的樹木、草地和沉重的褐色泥土重建關係，在那裡可以感受到生命正在萌芽，伴隨著夾帶松木花粉的強風，一波接一波地吹拂。」

安慰中的娛樂理論

作為行動，我們有時會輕視這種簡單的安慰方式，因為它似乎與我們苦痛的根源無關。行走如何能夠安慰一名服喪者？園藝、工作如何能夠安慰一名失戀者、一名慘敗者？話說回來，我們最好不要太快對逃避行動和尋求消遣的益處作出批判性和勸戒性的論斷。安慰的哲學傳統對這些問題是認真加以看待的。「消遣」（se divertir）今日意指「玩樂」（s'amuser）和「娛樂」（se distraire）。然而在十七世紀之前，此字與其拉丁語字源「divertere」相符，意指「轉移什麼的動作」，例如在盤點時轉移貨品。消遣是一種躲避的作為，是人生的典型實踐。

蒙田曾談到「diversion」（轉移注意力，與「divertere」同字源）。意指不再去想那些讓我們苦惱的事情，從不愉快的現實中轉移自己的注意力。並且等待生活來拯救我們，讓流逝的時間慢慢地照料我們的創傷。因為消遣會先透過轉移我們對痛楚的注意力使我們舒緩，接著逐漸地將我們重新帶回世界，從而安慰我們。

為了讓消遣能夠達到安慰的功效，不抱期待去進行消遣可能是比較理想的，純粹是為了消遣本身，這就是所謂**自帶目的**（**autotélique**）的活動，即活動本身就是目的。我們不是為了抵達某地而步行，而是為了步行的樂趣（或安慰）。

此外也最好是以**正念**的方式進行消遣，而不是在完全無意識的狀態下繼續思考其他事情、自己的擔憂及自己的憂傷。所謂正念，即是蓄意地將我們的注意力和精力誠心地投入其中，並中止所有的評判和所有的期待。

如此，一個行動便可以把痛楚的注意力用簡單和表面的方式加以轉移，或者相反地，行動可以是一種重新連結世界的深刻工作，因為這一切將取決於我們投入其中的意識程度和參與品質。例如，步行或聽音樂，這可以是轉移注意力，讓我們得到些許舒緩，但不太會讓我們有所轉化。不過，若我們以正念來進行這個活動，此舉也能夠更為強烈和深刻。

當然，在悲痛中採取行動有時會非常困難，特別是在憂鬱的情況下，因為我們感覺付出了努力卻得不到任何愉悅的回報。因此那之後就很難重複這些行為，很難每天努力，卻不曉得會產生什麼效果。這就像我們在迷路的時候行走，卻不知道我們要去哪裡，也不知道是否會到達某個地方，或者至少到達一個能撫慰人的地方。這也是為什麼當我們想要撫慰他人，並且建議對方「做點什麼」時，規則是要努力和對方一起做，陪在對方身邊，來幫助對方，例如一起步行，一起動一動，一起前行。行動和陪伴總是相得益彰。

撫慰的藝術

藝術能美化我們的生活，但它能否安慰我們的痛楚呢？

在第二次世界大戰期間，位於倫敦的國家美術館（National Gallery）依民眾要求，將保存在威爾斯（pays de Galles）地下的倉庫中所收藏的畫作，每個月單獨展出一幅，以供倫敦市民欣賞和宣洩情感，因為他們當時正遭逢德國的大轟炸。每件傑作都伴有兩名助手，隨時準備好在防空警報響起時能把畫作撤離。美術館內還會舉辦音樂會，當時的館長後來講述說，在首場音樂會上，當貝多芬（Beethoven）的〈熱情奏鳴曲〉（Appassionata）前幾個音符響起時，「可以確定的是，我們所有的苦痛並非徒勞無功」。

所謂的**藝術**（art，「beaux-arts」〔美術〕、藝術創作之意）是人類的整體創作，旨在激發他人的情感，可以是愉悅和安撫的情感（如讚賞、驚訝、昇華、感激、溫情……），也可以是令人不適和不安的情感（如恐懼、悲傷、憤怒……）。若有可能，這份情感也可以是修改我們對世界看法的情感。

所有這些深入內在的效用解釋了何以藝術能扮演安慰的角色，無論這是否為其最初的目的。

對於有些人，如評論家賈克·阿達利（Jacques Attali）所云：「任何情感，無論是文學的、音樂的、精神的還是理智的，首先都是作為應對害怕虛無（vertige du néant）的安慰，沒有一種情感不是如此。」我們最大的憂心，就是憂心某天會殞沒，而藝術因而成為這最大憂心的終極撫慰。

我記得一名患者告訴我，在他承受極度抑鬱之苦的時刻，聆聽莫札特（Mozart）的奏鳴曲或欣賞梵古（Van Gogh）的畫作能夠為他帶來舒緩：「知道他們今天已經去世了，但他們仍在與我交流，知道我們屬於同一個人類社群，他們也承受了和我一樣的苦痛，這使我感到安慰，儘管這並沒有解決任何問題，而且知道他們也曾經受苦可能會讓我更加苦痛。噢不，他們的困難、他們的相似性、他們的友愛之情，我不禁意識到這些所帶來的更具安慰性，而非絕望性。」我們所有人都有同樣晦暗的命運（受苦、死亡），但我們之中最有才華的人擺脫了這些命運，把他們的藝術獻給了全人類，或許這就是能幫助我們的地方。

根據哲學家艾倫·狄波頓（Alain de Botton）在他的著作《藝術的慰藉》（*Art et thérapie*）中的觀點，藝術的功能包括為我們重新帶來希望，使苦痛變得有尊嚴，並擴展我們的世界視野。他想像有一間博物館，其中的展廳或樓層能夠滿足我們的心理需求，包括愛之廳、恐懼之廳、痛苦之廳、同情之廳。

當然，每次與藝術作品的相遇都是獨特的，因為它的影響取決於我們的個性，尤其是取決於相遇在我們生活中發生的時刻。一件作品可能在某個時刻還不會感動我們，接著卻在多年後深深打動我們。然而，某些創作如此強大，以至於這個博物館的構想或許並非如表面看起來那麼天真。此外，人在體驗他們的幸福和他們的不幸，以及被世界所感動的方式時，彼此相似的程度，遠超過他們的認知。

那麼，在「安慰之廳」中展示的，是哪些作品呢？是那些展示與我們的苦痛相似的苦痛，那些向我們提出應對和克服苦痛的方式，那些讓我們夢想苦痛以外的事物，那些向我們談論愛情、希望、友誼，還是那些讓我們在時空中旅行等等的作品？我們將需要足夠的空間來展示這些作品！

藝術如何安慰我們

藝術首先能夠藉由吸引我們的注意力，讓我們從反芻思考中轉移片刻注意力而安慰我們，因為藝術是美麗的，或是不尋常的，或是習以為常但以嶄新角度呈現出來的。

接著藝術能讓我們感受到愉悅的情感（如讚美、驚訝、溫情），這些情感會削弱我們對痛苦情感的控制。極度多愁善感的福樓拜，在他的信件中曾如此記述：「我只是一隻文學的蜥蜴，整天在美好的大太陽底下取暖。」儘管如此，他並不視自己的藝術同前述那樣是具有安慰性的，正好相反。在他與友人喬治·桑的通信中，他們經常表達相反的觀點，而後者在給他的信件中如此寫道：「毫無疑問，你會帶來絕望，而我則提供安慰。」

藝術也可以藉由分散自我的方式來安慰我們，讓我們與其他受苦的人建立連結，無論這些人所受的苦與我們是否相同。在這些情況下，不僅僅是讚賞藝術能夠撫慰我們，不僅僅是藝術之美，而是藝術裡**觸動人心**的部分，這部分和我們自己的痛楚相符，於是我們從中理解了別人的痛楚。同時還有共享苦痛和期望，例如畫家馬蒂亞斯·格呂內瓦爾德（Matthias Grünewald）的名作〈伊森海姆祭壇畫〉（Le retable d'Issenheim），以前所未有的寫實度展示了耶穌基督被折磨的軀體，這幅畫是為安東尼修道院（monastère des Antonins）附設醫院的病患所繪製，他們來到耶穌基督腳下尋求安慰，甚至治癒。

當然，接納藝術作品提供的益處並不總是容易，我們的悲傷往往把這樣的益處阻擋了起來。但所有的安慰都是如此，因為拒絕安慰要比接受安慰還容易，告訴自己「沒有用、微不足道」比對安慰敞開心扉還容易。藝術的安慰有時比人類或大自然的安慰難以獲得，所以我們往往得努力去追尋它們。但藝術的安慰也擁有一個優勢，即它們一直都在，俯拾即是，縱使在黑夜和孤獨的中心亦然，且至少是以書籍、唱片或電影的虛擬形式存在。

雅各與天使摔跤

某天我和一名患有廣場恐怖症（agoraphobie）的患者，約在巴黎聖敘爾比斯（Saint-Sulpice）教堂廣場附近碰面，因為她擔心在自己家社區裡感到不適，我們計畫在她家附近進行一些練習，為此我陪伴她並給予呼吸方式、緩衝憂心等方面的建議。在行為治療中，這方式稱為「暴露練習」（exercices d'exposition），偶爾在實地引導患者非常有趣，而不僅僅是坐在診療室裡，在遠端提供建議。不巧的是，當我們才剛開始時，一場大雷雨突然來襲。我們躲進一旁的聖敘爾比斯教堂。在等待雨停的時候，我們邊在現場走動並繼續談論她的困難之處。然後我們遇見歐仁．德拉克羅瓦（Eug ne Delacroix）的壯麗壁畫，那是他最後一幅作品，描繪〈雅各與天使摔跤〉（Lutte de Jacob avec l'ange）。我對這件傑作非常熟悉，於是我想要向她講述這幅畫所闡明的故事。即在一條河邊的一處下層灌木叢，雅各正在與一名路人打鬥，卻不知道對手實際上是神派來的天使。他孤身一人，而他的整支部族已經涉過河流淺灘並遠離，他不曉得自己是否會獲勝，也不曉得自己將會發生什麼事情，但他仍頑強地搏鬥。他整夜都在對抗那名擁有超人力量的陌生人。待黎明時分，天使眼見自己無法打贏這個頑固的人類，於是讓他的髖骨脫臼，告訴他從此以後，他的名字不再是雅各，而是**以色列（Israël）**，意指「與神搏鬥者」（亦可解釋為「神是強大的」），並且為他賜福。像雅各一樣，我們時常在人生的搏鬥中跛足和傷痛，因此而同時被轉化和標記。當大雷雨過去時，我與患者談論我們在生命中感到孤獨、有時感到被拋棄，面對我們似乎無法克服的困境，及縱使沒有把握也必須奮鬥的這些時刻。我們提及這些時刻會傷害我們並促使我們成長的方式。患者後來告訴我，這次的交流讓她深受感動並深獲撫慰。這項治療因而得以繼續進行。

紙上的安慰

能夠安慰我們的藝術形式中，當然包括的閱讀。

但在學會閱讀之前，我們就喜愛聽故事。杜撰、講述和聆聽故事的能力是人類的特性。這對文化傳承（知識、社會規範、宗教等）以及安慰方面都具有多重影響。

因此，曾有針對正住院接受加護治療的七歲左右（大多數介於五至九歲之間）兒童進行了一項研究，這些兒童患有嚴重病症，通常是呼吸系統問題，及處於高壓環境中的問題。研究顯示，由一名陌生但親切且有經驗的成年人，朗讀大約半小時的故事，不僅在主觀上（減少身體苦痛，情緒較穩定），還有在生物學上（減少唾液皮質醇〔作為檢測壓力標誌〕，以及增加血液中的催產素〔依附、關係安撫及信任的神經遞質，也被認為具有抗壓效果〕的比例）都能夠安撫兒童。

值得注意的是，對照組的兒童在三十分鐘內由一名親切的成人陪伴，但沒有講故事，只有交流，他們也感覺好過些，只是效果沒那麼明顯。安慰不僅來自於關係，而且確實來自於一起閱讀故事！

顯然地，這也適用於成人，因為我針對這個主題稍微調查了一下後，發現有許多相關的措施已經存在，尤其是在緩和照護或治療慢性疼痛的服務方面。

「閱讀使我們能夠毫不費力地去認識、去參與許多非凡的命運，讓心靈感受強烈的感覺，經歷奇妙且無後果的冒險，沒實際行動卻也做了好多事情，最終形成比我們自己擁有的想法更美且更深刻的思想，且幾乎不需付出什麼代價。總之，還有將非屬於我們的無限情感、無限的虛構經驗、無限的評論，增添予現在這個樣子的我們，還有能夠成為以後那個樣子的我們身上。」這就是保羅．瓦勒里對此主題所寫的文字，雖然他沒有表現出太豐沛的熱情，不過他看得很透澈。

故事帶領我們進入我們生活經驗以外的其他經驗裡，這在我們經歷困難的時刻之際，顯得非常寶貴。許多研究已經顯示，定期閱讀小說有助於改變同理的能力和社會的連結，因為這讓人能夠認同小說中的主人翁，幫助理解他們對世界和對其他人的觀點，閱讀這些小說可大大豐富我們自己的生活經驗，包括苦痛的生活經驗在內。閱讀可以讓我們觀察和理解與我們生活奮鬥類似的其他生活奮鬥，並從中汲取靈感，以免陷入晦暗的絕望之中。

時值今日，有許多研究關注文字對我們大腦功能，尤其是情緒方面的影響。因此，研究做法是將所觀察到的情緒（恐懼、憤怒、悲傷……）在臉孔照片上命名，對應於採取其他指示的同一張臉孔，如此可以減少大腦杏仁核及相鄰區域（即「情緒腦」）的反應，並增加前額葉皮質（cortex préfrontal，情緒控制中樞）的活動。

而對於害怕蜘蛛的受試對象，則是讓他們接近一隻捉進罐子裡的大蜘蛛，並描述自己的情緒感受，可以減少身體應激反應（較低的皮膚電性活動），並使他們更靠近罐子（相對於害怕蜘蛛的受試者在罐子前面，需要說服自己或想別的事情）。將文字和我們的恐懼、憤怒或悲傷加以關聯，有助於減輕這些情緒的強度且更能面對這些情緒。

也因而在閱讀時得以引發一整個安慰的連鎖反應，因為將好的文字與我們個人及模糊情緒的感受加以關聯，伴隨經歷考驗的故事人物，發掘他們處事的方式。閱讀可以幫助我們理解影響我們的事情並組織我們需要完成的事情。接著，在某個時刻讓我們有智慧，或有力量重返生活中，以避免逃避現實到小說裡，使小說成為避難所而非轉化的境地：「書本說：『它做了這個，是因為。』生活說：『它做了這個。』書本，是為你解釋事物之處；生活，是事物未被解釋之處。我對於有人偏好書本並不感到訝異。」

兩本書，一個夏日午后……

某個夏日午后，一名經歷一次大型腎臟手術並處於調養狀態的患者躺在床上，隱身在窗簾闔上的昏暗中，正閱讀兩本小冊子，這是朋友送給他的中國詩集。

儘管已經注射了嗎啡，他仍然感到極為疼痛，只要一丁點動作都會引起劇痛，他仍然擔心手術和生化分析的結果。但在此刻，他完全得到安慰，他感覺自己置身於一片平靜和安全的綠洲中，這乃是透過閱讀而來（關於現時若干小片刻的一系列短詩，明確來說，正是人在生病和臥床時所剩餘的那些片刻）。透過書籍之美，書本厚實的紙張，簡單而精美的裝訂；透過這個夏日時分的深沉靜謐；透過他並非被拋棄，而是休息的孤獨；並且尤其是因為這些書是由他的朋友所致贈，他在翻閱每一張書頁時都會看到他們的臉龐，這種安慰更勝百倍於他自己去購買這些書。他絕對且深刻地得到了安慰。以下是其中一首詩，題為〈告別春天之歌〉（Chanson d'adieu au printemps）：

人們一天一天地老去
春天一年一年地復返
酒杯中盛裝友誼的喜悅
由是何須悔憾
花瓣兀自飄落？

如詩的安慰

詩在我看來，是最受到痛楚和人類安慰的需求所啟發並滋潤的文學形式。這是安德烈·孔特—斯蓬維爾從哲學家的角度所定義的：「在一言論中，將音樂、意義及真實以不可分割且幾乎總是神祕的方式集結起來，情感遂從中產生。這是一種歌頌和觸動的真理。切莫將其與韻文，甚至與詩混淆，因為詩很少完全具有詩意，而散文卻偶有之。」

羅莎．盧森堡（Rosa Luxemburg）在獄中談到了詩的影響：「這僅僅是文字的音樂和詩的神奇魔力在沉靜地輕撫著我。我自己也不知道一首美麗的詩如何能對我產生如此深刻的影響。」

當詩用簡單或美麗的文字，或者用神祕般的文字引發我們的苦痛和期望時，它的措辭能夠讓聽聞者再接再厲，能夠填補空虛或茫然，能夠使含糊感受到的事物獲得澄清。詩對我們所訴說的總是比字面書寫的還要多。在讀詩時，我們的模糊感受和閱讀到的清晰文字之間，差距可能是最大的，在別人身上找到自己的喜悅可能是最強烈的，還有為不再孤單而感到舒緩，也是同樣最強烈的。

此外，對許多作家來說，寫詩代表一種安慰的形式，通常是他們的心引導他們的手，正如保羅．瓦勒里（又是他）所記述的：「詩人之偉大在於用他們的文字強烈捕捉到他們在心靈中僅有匆匆一瞥的東西。」

詩意的安慰言詞不僅存在於書籍中，也能從日常中綻放。有一位母親在醫院裡的病榻邊顧著她垂危的小女兒，既擔憂又絕望地問身旁的護理師說：「您覺得她怎麼樣？」這名護理師低聲回答她說：「她很美。」在她的自然、善意及智慧中，做出這個既詩意又動人的安慰性回應：因為她避開關於醫療狀態又一個無用的資訊，溫柔地將痛楚轉向現在的重點，亦即不是即將來臨的死亡，而是那個小女孩，她的人、她的美、她的故事。

後來，小女孩哥哥所就讀高中的校長，在他妹妹去世後對他說：「我們會在這裡幫你撐過寒冬，並助你相信春天的到來。」我欣賞這種在絕望的心中所湧現的詩意，使我們在日常的灰暗中被驚豔而讚嘆。

詩讓我們發現了一個與安慰有關的獨特現象，即過多的詩會讓人感到厭惡，正如過度的安慰不再能帶來安慰。在撰寫這本書時，我閱讀了許多詩的全集，以尋找其中的安慰機制，結果我在詞藻華麗的姿態、經典的莊嚴及浪漫主義者的淚水面前，很快便感到氾濫。在某個時刻，過於哀訴的詩給予我們更多的是**討拍取暖**（**co-plainte**，「讓我們一起為我們的不幸哭泣」），而非撫慰。因此，我們渴望其中能有更多的節制，或者再稀罕些。同樣地，當我們安慰親人時，切莫圍繞在痛楚上，然後過分陷入同情及共同的、長期的、反覆的無法行動之中，而是盡力嘗試注入活力和行動，幫助對方參與周圍的世界，而不僅僅是蜷縮在對方身邊。

安慰的小樂章

音樂在安慰的世界中佔有獨特的一席之地，因為它不**告訴**我們任何事情，不鼓勵我們做任何事情，但可以給我們帶來巨大的好處，有時甚至透過一種溫柔而友好的痛，一種輕緩哀愁的痛，反而能達到安撫作用。如今我們知道，聆聽自己喜愛的音樂會啟動腦部廣大的網絡，並導致多巴胺或催產素的釋放，這些神經遞質和愉悅或是情感依附有關。

不過對士氣有益的音樂未必是歡樂的，因為優美的哀樂也能夠幫助我們。此外在歡樂的音樂或輕快的音樂方面，我們似乎很少會自然而然拿來當作安慰晦暗心情之用（我們聽這類音樂比較是用來提升既存的正面情緒），因此，我們會更願意選擇憂愁的音樂。部分證實，要得到安慰，我們首先必須接受痛楚，而音樂邀請我們放手並稍微沉入悲傷，好讓我們更能從中抽離出來。

我記得在一位朋友去世的哀悼期間聆聽薩繆爾．巴伯（Samuel Barber）的〈弦樂柔板〉（Adagio pour cordes），他的音樂把極度悲傷纏繞在我的心上，但我覺得自己需要悲痛到底，才能度過這段時間。這就像早期的醫生利用放血做法來排洩「哀愁的心情」，如此便能讓我身上氾濫的憂傷逸出。

在音樂的世界中，歌曲代表詩和音樂之間的媒介。歌曲是世界上安慰自己最普遍且帶詩意的方式，無論是透過歡樂和輕快的歌曲所帶來的喜悅，還是透過哀愁的歌曲所訴說和分享的痛楚。這可能是為什麼超過百分之七十的年輕成年人（介於十五至三十歲之間）要藉助音樂來安慰自己。

另一項研究顯示，哀愁的音樂主要會引發傷感，而不是強烈的悲傷。而傷感是重新與自己和自己的過去建立連結的微妙情感，即另一種自我安慰的機制。

音樂並非微不足道，即使面對巨大的困境，甚至是面對將來的死亡皆然。這就是為什麼我喜愛克萊兒．奧佩（Claire Oppert）的美麗故事，她是一位為自閉症兒童、阿茲海默症患者或緩和治療患者演奏的大提琴家。她講述有一天她正在喬治（Georges）的病房為這名甲狀腺癌末期的男性患者演奏。她問他想聽什麼音樂，他回答說：「看你，只要是美的音樂就行！」於是她相繼演奏了阿爾比諾尼（Albinoni）的〈慢板〉（Adagio）和古諾（Gounod）的〈聖母頌〉（Ave Maria）。樂音填滿整間病房。藥盒、塑膠水壺、被一個焦慮的兒子所佔據的人造皮扶手椅，所有東西都在那一刻的震撼中消失了。喬治享受著。他閉上雙眼，把頭傾靠在枕頭上，同時哭著並笑著。當再度安靜下來時，他合起雙手。「你讓我心生喜悅。謝謝，謝謝，謝謝。也請把這份喜悅傳遞給其他的人。」安慰就是讓喜悅，至少是一丁點的喜悅，在心中油然而生。即便只是一首樂曲的時間。

到目前為止，我們談論的是我們聆聽的音樂，但也有我們自己演奏或是演唱的音樂。它為我們提供了一種撫慰的組合，就像在大自然中步行一樣，即當我們自己彈奏樂器或唱歌時，我們同時獲益自行動和音樂的安慰。當我們憂傷時，演奏可以代表全然的修復，因為它牽動整個身心，安撫靈魂，吸引注意力並引導情感。此時我們並不追求完美，而是尋求安慰的氣息，尋求我們痛楚的共鳴。

寫下自己的痛楚

就像我們可以藉由聆聽音樂或自己演奏音樂來安慰自己一樣，別只限於閱讀，而是投入寫作，此舉會帶來另一種形式的撫慰。

有時候，寫日記被視為一種自我中心和無足輕重的小活動。許多人在青少年時期開始寫日記，然後就放棄接下去了，這一事實加強了這種價值判斷，即這只是青春期一時的興致，有點不成熟，有點自戀。這樣想是錯的，因為寫下我們的內心感受，是通往了解現在這個樣子的我們之其中一條王道。

蕭沆在他的著作《在絕望之巔》（*Sur les cimes du désespoir*）中，對寫作提供給我們的安慰力量有明確的敘述：「有些經歷是無法讓人倖存下去的。有些經歷在過後會讓人感到不再有任何事情是有意義的。〔……〕然而若我們繼續活下去，那僅僅是因為寫作的恩典，寫作加以客觀化後，能舒緩這種無止境的緊張。」

正如我們所提到的，若青春期通常是我們開始向日記傾吐的時期，那是因為我們這個生命階段所存在並發生的緊張和困難是最大的。

書寫自我就像是用我們自己的節奏，與一位遙遠、沉默、善良、耐心且令人安慰的陌生人進行溫和的對話。此乃經過科學的證實，而自美國人詹姆斯·潘尼貝克（James Pennebaker）的開創性研究以來，大量有關私人日記有益的數據已獲收集，即用文字表達我們痛苦的生活時期，有助於療癒並改善我們的健康。他其中一項早期的研究是基於一項簡單的協議，即要求沒有特殊心理困難的志願者連續四天寫下他們一生中最具創傷性的經歷，每次寫十五分鐘不中斷（以確保所涉及的主題為實在的內容，而不是表面應付）。事先將參與者分為兩組，一組被鼓勵藉由深入探討自己的心靈狀態來書寫，另一組則以較不深入且較不熱誠的方式來書寫。

在實驗結束時，「深入組」相對於「對照組」，在中期情緒安寧方面（在之後的兩週內）和長期的客觀健康方面（在接下來的一年內減少看醫生的次數）都獲得了明顯的效益。因此，首先要深入探究自己的痛楚（但不要深陷其中），然後再從痛楚中跳脫出來才是有意義的。

在所有這類的研究中（因為後來還有許多其他種研究），寫作的其中一個治療機制似乎是痛苦經歷的重組，否則這痛苦經驗會依靠在不時混亂的心靈狀態。在我們的念頭中，模糊總是比清晰造成更大的傷害，因為不確定性的焦慮會促發反芻思考，而確定性的焦慮，縱使是負面的，也能激勵我們採取行動。強迫自己將我們不確定的感受轉寫為連貫的敘述是有益的。

此外有一種擔憂浮上檯面，即受益於電話、電子郵件還有簡訊，使書信逐漸式微，這樣的趨勢改變了我們的表達習慣，即時和快速的互動取代交流和內省。這或許有利於我們內心社交動物的本性。但對心理動物的本性及其情商來說可能就不那麼有利。而這對書面交流的安慰能力而言又更不利了。我們前面提到了喬治·桑或羅莎·盧森堡精彩的信件，若是以電子郵件或簡訊的形式，其安慰的力量或許就不一樣了。我們的交流數位化會削弱我們**相互安慰**（interconsolation）的能力嗎？再過幾年便知分曉。

獻給亡母的墓碑

我記得我對自己其中一名患者所完成的治療工作，他是一位默默無聞的詩人和作家，生活離群索居。當他失去母親時，經歷了一段非常艱難的時間，並深陷病態的哀悼中。他苦於縈繞不去的種種畫面，因為他內心不斷回想起他媽媽在她剩餘時日裡的情景，並苦於壓倒性的悲傷和內疚，總之，是苦於一種強度和持續性似乎過度的憂傷，這一切正徹底摧毀他與世間僅存的微弱連結；他蜷縮了起來。

於是，除了治療之外，我鼓勵他創作一個**墓碑**，這在文學中是指一個向逝者致敬的書面形式。一開始，他仍然如此憂鬱，以至於難以遵循我的指示，即縱使是凌亂的，縱使不在意優美的風格和漂亮的詞藻，也要記下所有關於他母親的回憶，而不僅僅是剩餘時日的回憶和臨死的痛苦回憶，還有那些生動、幸福、喜悅的畫面。他信任我，於是便努力去做。他的哀愁中逐漸浮現出他母親的忠實樣貌，不過那是一個鮮明而完整的母親樣貌，而不僅僅是瀕死的模樣。他的憂傷逐漸被一種安慰取代，一開始是脆弱的，接著變得越來越明亮，讓他能看透母親在臨終時哀愁和晦暗的煙幕，母親因而在他的心靈中又活了過來。在書寫的過程中，那些被遺忘的回憶浮現在他的記憶中，並自然而然地在他的筆下流瀉而出。他經常在寫作時流淚，但那些是甜蜜的、溫柔的、沒有苦澀的淚水，是得到安慰的淚水。

哀愁中的欣喜與安慰中的沉思

在困境之中，透過藝術之美所得到的每一刻安慰，我稱之為**哀愁中的欣喜**。因為「欣喜」意味著去掉痛苦，好像脫離一般。在哀愁中的欣喜裡，雖然問題沒有解決，但我們感到被安慰。每一天，我們是如此為生活所喜，讓我們忘卻痛楚和死亡。

但該提醒，藝術的敏感度和接受度需要參與和關注，甚至需要沉思嗎？近來一項關於美學情感經驗的研究顯示，若我們的精神同時放在做其他事情，這些情感經驗會較少發生，且較不深刻。另有一些研究顯示，分散的注意力反而會加劇痛苦的情緒，而專注和穩定的注意力則有利於促進愉快的情感。

這引發了螢幕和社群網路的「消遣」問題，它們具有極大程度分散注意力的價值，但安慰價值卻很普通；至少從它們讓廣大的數位消費者增加焦慮和降低自尊心的能力來評斷確實是如此。「分散注意力的消遣」雖然確實可以中止痛楚（例如瀏覽網路或社群媒體、隨意翻閱雜誌時只看圖片和標題），但其安慰價值似乎遠低於「深刻消遣」所帶來的安慰價值。

冥想，當下的安慰

冥想訴諸靜止不動，而行動和動作則能帶來安慰。冥想是在孤獨中進行的，而連結則能帶來安慰。冥想鼓勵閉上眼睛，而世界之美則能帶來安慰。從邏輯上來說，冥想和安慰似乎互不搭調。然而，兩者的結合卻是完美的。這該如何解釋呢？

首先，或許是因為，與表面所示恰好相反，冥想並非閉上眼睛反芻思考（此舉無法帶來安慰），而是深入了解我們的感受。

其次，或許是因為冥想，能培養對世界和對自己一種安撫與清晰的目光，所以是一項讓心靈朝向這種狀態的訓練。靜止不動和閉上眼睛只是一個過程，因為我們隨後會帶著一個柔和轉換過的心靈重返生活中，繼而有能力安撫和洞察，這兩者是面對任何形式的絕望時所必備的武器。

最後，或許是因為我們現代的冥想實踐中，仍保留了遠古根源的某些部分，無論這些根源是來自東方並朝向消除苦痛，還是來自西方並朝向追求提升和救贖，所有的這些，當然，對於安慰都是有幫助的。

在不同形式的冥想中，當今世上最廣泛實踐的，是正念冥想（méditation de pleine conscience），因為它最易於入門且最能廣泛獲得科學的驗證。正念冥想提供了一條先從沉浸在當下出發的道路，即專注於自己當時的體驗，退一步加以觀察，即單純去感受自己的呼吸、自己的身體，單純去接納聲音，單純去觀察閃現而過的想法和不安的念頭。接著，從這現時和現實的定點開始，仔細觀察自己的心靈運作和世界觀。

沉思、呼吸及自我安慰⋯⋯

某天早上，有一名年輕的女子努力嘗試安慰自己。她正經歷著婚姻的艱困期，且無法決定該分手還是努力維持這段婚姻。兩者都讓她感到恐懼。她只能看到所有選擇的晦暗面向，即一方面是分手的複雜與痛苦，另一方面則是沒有愛的婚姻生活所帶來的緩慢窒息。擔憂、悲傷、無力感，沒有簡單的解決方案，因為所有的元素都把她自己關在沒有出口的苦痛中。外面的天氣美好，風景也是。她決定藉由冥想和沉思來安撫自己。但是藍天的安慰並不完美。很快地，各種想法如同春日天空中夾帶冰冷雨水的暴雨般襲來：「是的，這很美，這感覺很好，是的，凝視天空並呼吸總比徒勞地反芻思考自己的憂慮要好。但如果在不煩憂的情況下凝視天空那會更好。然後，這並不能解決任何問題……」

然而，她繼續思索：「確實是這樣，但那又如何？要如何處理這種情況，這種苦痛？在這情況下呼吸、凝視並且微笑？」此時，她感覺自己掌握到某個能幫助她的東西：「就先從這裡開始，先從你的苦痛開始，先從你的悲傷開始。別**逆著**悲傷而呼吸，別**不顧**悲傷而呼吸，要和悲傷**一起**呼吸。」這意味著：「竭盡所能去努力，可以的話就從今天做起，今天不行，那就明天，努力在悲傷中去做，努力在悲傷中去生活。別把你的精力耗費在絕望、悔憾和比較上面，保持良好的狀態來面對和解決這一切。」

她進行了一個啟發自**「自他交換法」**（tonglen）的練習，這個練習包括將自己的冥想和自己呼吸的律動加以結合：「我吸入藍天所賦予的寧靜，並呼出氾濫的擔憂和悲傷，我不試圖把它們完全消除，只是要把它們稍微減輕，讓它們別佔據我整個心靈。」她感覺到自己的身體放鬆了，有個東西在她內心說**可以的，可以的，我做得到的**……她更加清楚地看到盤據在她腦海中的想法閃現而過，以及那些想法中的負面字眼：「災難……沉沒……無能為力……失敗……。」她輕聲自語：「沒事的，你做得到的，我們會好好溝通並做出決定。無論是重新建立關係還是分手，別預設前提，冷靜地去面對對方，接受可能會發生的一切。你等著看，你會做到最好。」

尋求庇護

當我們處於悲痛之中，冥想為我們提供了一個並非幻覺的庇護所，也就是當下。困境的風暴在我們周圍肆虐，而我們無處可逃。因此，我們就先待著，但要待在合適的地方，那就是在自我的中心。苦痛也在那個中心，但不再單獨存在，因為我們邀請呼吸的意識與之共存，好讓我們能費時去感受，而且是長時間地去感受。我們邀請身體的意識與之共存，我們聆聽苦痛的聲音。我們從苦痛的想法中抽離，只觀察這些想法而不去滋養它們。

這一切不僅僅是藉由分散我們對苦痛的一部分注意力來發揮作用，也是讓我們對苦痛進行解構，對我們的情感、想法和衝動加以檢視。與其承受一整塊悲痛，並被它壓垮，不如我們拉到最近的距離觀察它，並將它分切成幾個部分。這種分裂，這種拆卸，減少了悲痛加諸於我們的破壞力和影響力。接著就只剩無可避免的苦痛、從現實中得到的苦痛、本質上的苦痛、本身精神的殘渣經過淨化後的苦痛，來自本身沒必要且超載的苦惱和恐懼的苦痛。也正是如此，苦痛便輕盈許多。

拉近距離觀察自己的痛苦

冥想之所以能夠安慰我們，是因為它教會我們如何應對苦痛，即冥想使我們能夠認識和接納痛苦。冥想幫助我們清理所有會使傷口惡化的一切，如我們扭曲的看法和判斷、誇大（將困境轉化為災難）、預期（認為苦痛將永遠持續且永遠不會有解決方案）、個人化（「雨總是落在我身上」），以及抱怨（這是一種吸引安慰的方法，但也可能阻礙安慰的到來）。

面對這所有情況，面對這些苦痛的虛擬附加物，冥想幫助我們重新集中注意力，只關注真實的痛苦，摒棄它有毒害的副產品。這正是斯湯達爾（Stendhal）所指出的：「拉近距離觀察自身的痛苦是一種安慰自己的方式。」

由於冥想是一個與自我的定期相會，它教會我們每天與自己的苦痛相處。而透過這種定期且被接受的顧問指導，使我們能夠減少對苦痛的懼怕，更能傾聽苦痛而不任其將我們淹沒，並減少受苦。冥想還教會我們接觸所有讓生活美好的事物，因為我們也會對生命中的快樂時刻進行冥想，這就會讓這些幸福時刻更加深切地進入到我們的內心。

向世界敞開心扉

冥想可以被理解為一種視野體操（gymnastique de l'horizon），即我們在冥想中擴展自己的人生觀，我們把眼光放遠，遠離自我，正如維克多．雨果在詩中所描述：

「你仰望神祕而柔和的天空，而你的靈魂藉由無垠的浩瀚而擴展。」

若將詩意的語言翻譯成神經學的術語，即冥想會使我們大腦中一個位於頂葉左側的小區域，也就是定向和聯想的區域不產生活動。這會導致一種自我分解的感覺，這種感覺提供一部分的安慰。其他研究顯示，定期仰望天空對我們有好處，能夠安撫我們主觀上和生物上的壓力，而冥想不正是一種閉上眼睛遠觀地平線的方式嗎？

博班的觀察十分透澈：「此刻，我只滿足於聆聽世界所發出的噪音，那是個在我缺席之時的世界。」因為我們冥想的同時，也是為了觀察那對我們憂傷無動於衷的世界，且為了不因憂傷感到苦惱，反過來要從這世界中汲取平靜。讓外界的平靜、天空和大自然的安靜進入到自己的內心，這就像是我們為逝者祈求永恆平靜的氣息，只是我們是在活著時便能享有！

有時，苦痛就像是對自我關注的過度需求，因此，記住我們周圍的世界可以幫助我們是非常寶貴的，這個世界或許不是無動於衷，而只是安靜，儘管它承載了我們以及別人的所有苦痛。就讓自己感染這份平靜吧。

讓圓滿自然來臨

有時，從冥想中會產生一種寧靜的感覺，即我們不再需要任何東西，不再有欲望，也不再有缺憾，我們所需的一切都已存在。這不僅是一種令人愉快且舒緩的圓滿狀態，而且還具有啟迪性，即內在的平靜終究未曾遠離，而對於我們憂傷和困境的安慰也比我們想像的要近得多。

在這些時刻，我們直覺地理解到，不斷追尋解決我們問題的方法只會把我們摧毀，因為新的問題會不斷出現，而我們必須不斷尋得新的解決方案。

冥想所提供給我們的，是定期轉而落入另一個世界，在這個世界中，比起解決問題更重要的是，透過恩賜、隨機且反覆出現的圓滿感與永恆感，為我們生活的疲憊帶來撫慰。

冥想並不是逃避，因為當我們回到充滿困境的物質世界時，我們會具備更多的力量、冷靜、創造力和靈活性。所有研究都證實了這一點，這就是為什麼我們在精神病學和精神療法中使用正念，它對於許多焦慮、憂鬱還是其他問題的患者，都有極大的幫助，可以幫助他們往後退一步，並以不同的方式處理他們的困難。

用心說好

最終來說，冥想幫助我們聆聽和接受撫慰的言詞。即使我們知道這些言詞告訴我們實情，並鼓勵我們做必要的事情，我們內心卻幾乎總有一個障礙，即我們無法誠心地接納它們，無法吸收和消化它們，因為我們處於絕望和苦痛中。我們的心靈會抗拒它們。完全接受安慰的言語是非常重要的，因為在生活當中，我們的心靈同意這些撫慰的言詞，但我們的心卻無法跟上。

固定練習冥想似乎對我們的心理防禦和整體的僵固性有一種軟化作用。這也是何以佛教徒將冥想比作燭火，它可以軟化我們信念的蠟。這在我們想要讓撫慰進入到最深層的內心時是非常珍貴的，而不僅是讓它停留在表面上。撫慰不應只觸及大腦皮質（cortex，「我理性上同意還是理性上不同意？」），還應觸及到情緒腦（cerveau émotionnel），這是安撫身體的入口（「當我聽到這些話時，我感覺如何？」）。這就是冥想在此作為介入吸收和釋放過程的重要角色，即它將安慰的念頭引入我們的身體，並將晦暗的感受從同一個身體中驅趕出來，同時將這些感受重新轉換為簡單的念頭，也就是轉換為可以溫和爭辯和驅離的設想。

因此，冥想具有雙重功效，即它本身就是一種內在的安慰，但它也幫助我們在內心最深處接受來自外界的所有安慰。藍天只有在這種情況下才能安慰我們，亦即它不只是一項分析、一個想法，且它變成了一種在我們內心共鳴的感受，一種既震撼又穿透人心的情感。冥想將心靈的安慰轉化為內心的安慰，並將這些安慰引入身體。而身體比心靈擁有更好的記憶力，因為身體就像一隻動物，牠絕不會忘記人家給予牠的好處。

相信命運並託付給它？

這一種安慰方式常見於許多受歡迎的名言佳句語錄，即告訴自己，該發生在我們生活中的事就是會發生。我們相信命運並接受它：「這是註定的」、「該來的就是會來」、「你遇見的每個人都是緣分帶來的」、「每個時刻都是良辰吉時」。

這些格言的每一句都有可能同時招致批評（基於適切性，因為我們真的知道**命運**是存在的嗎？）和讚賞（基於功效，因為通常能帶來安撫）。其目標顯而易見，即鼓勵我們不要在「這不正常，我運氣不好」的範圍內爭論不休。

在爭論變得激動前先從接受開始並非無關緊要，因為假如這種簡單的名言佳句形式能幫助我們消除無效、使人筋疲力竭且有毒害的悔憾叨念，假如它能讓我們僅保留我們痛楚中合情合理且值得尊重的悲傷情緒，並讓我們保存力量以便行動而不是哀嘆，那麼接受一個假定的命運對我們來說將會是一個極大的助益和極大的撫慰。

蕭沆對於這類將命運作為安慰用途並不十分欣賞：「安慰一名不幸者最好的方式，就是讓他確信有一道壓在他身上的詛咒。這種恭維幫助他更能承受考驗，因為詛咒的概念意味著獲選，是不幸的選擇。」當然，假定的詛咒所帶來的撫慰仍然是假設性的！但接受命運，就算是厄運，也是一種舒緩，因為這讓我們能放棄無謂的抗爭，且能選擇正確的奮鬥目標。

工作面試

這是我其中一名表兄弟的故事，他和其中一位朋友一道面試同一個職位，兩人都非常中意這個職位，但最後兩人都被淘汰了。我的兄弟非常失望，打電話給他的朋友，朋友說：「你知道嗎？或許未來我們會發現沒得到這份工作終究是一件好事，但我們需要一段時間才會察覺到。」結果對這兩人的後續發展確實如此，他們最終找到了更有趣的工作。當他告訴我這些時，我問他為什麼這些看似平凡且假設性的言詞能安慰到他，畢竟他是如此理性、好擔憂和挑剔的人。因為這位朋友的言論確實讓他心情好轉。我們一起思考了一下。他之所以可能被撫慰，

當然，因為這只是運氣稍差，另外也是因為他們兩人一起承受了這件事；最後，因為他對未來和自己的能力充滿信心。「你知道嗎？」他補充並作結，「假如同樣的事情是在一年後發生，我朋友同樣的一番言詞可能會把我惹惱，而不是鼓舞我。安慰的途徑真是難以捉摸！」確實如此。但總是有趣，有時卻也令人困惑的是，去理解每一句撫慰的言

詞是如何深入到我們的情感，從而能夠安撫我們和帶給我們安全感；或者正好相反，每一句撫慰的言詞只會在觸碰到我們的防禦和負面信念後反彈，並沒有給予我們任何身心的好處。

除此之外，僅僅相信命運是不夠的，我們需要以**某種方式**來相信它！這與哲學家阿蘭對宿命論（fatalisme，源自拉丁語「fatum」，意指「命運」）的觀點相吻合：「宿命論是只有在我們竭盡全力後才能消除悔憾。這也是何以行動派的人是最能藉由宿命論得到安慰的人。〔……〕宿命論是理性的一刻，但不應延伸到未來。」接受命運，就是接受已經發生的事情，但同時也要努力避免這類事情再次發生，並在事前奮鬥以防止它發生。因為在「這是註定的」這警句裡頭蘊含著矛盾。奇怪的是，這句話似乎指向過去，但實際上，它把我們從中釋放，並激勵我們將目光轉向未來，促使我們行動，而不是轉向悔憾。

那麼，託付給命運來安慰自己，這是一個好主意嗎？假如這不僅僅是順從而是神志清醒的話，是的，且假如這得以避免像史蒂芬·褚威格（Stefan Zweig）在《昨日的世界》（*Le Monde d'hier*）中提到的那種天真或自負，並能拋棄「可以把自己生命堵住不留一丁點缺口，以保護生命免遭命運入侵的這種動人的信念。〔……〕這是一種極大且危險的自負」的話。

接受命運，以及它所呈現的困境面貌，就是接受它始終比我們以及我們為制止它打擊所做的努力還要強大。但接受命運，也意味著保持將目光望向風暴過後，即望向安慰和重建。

這也是何以我喜愛大仲馬（Alexandre Dumas）在他的小說《基度山恩仇記》（*Le Comte de Monte-Cristo*）裡結尾文字的模稜兩可：「等待與寄望。」這幾個文字既具有安慰性，因為它們將被迫等待與往後日子中所帶有美好的期望作用結合在一起，同時這幾個文字也具有絕望性，因為它們強調與這相同期望的無力感結合在一起，也就是只有在我們無能改變現實時才會寄望；假如我們擁有改變的能力，那就不再是期望，而是我們所懷抱的信心。

因此，相信命運能夠安撫我們並安慰我們，但這絕不應讓我們免於採取行動，即等待、寄望，尤其是還要動起來。

尋求意義的危險安慰

這是來自流行心理學（psychologie populaire）的另一種安慰，即告訴自己事情總有其意義。說服自己困境或許是為了傳達某種訊息，吸引我們關注一些不願意了解的事情，或許是為了開啟眼界並為我們揭示我們看不出來的明證。認為縱使考驗之中蘊含假定的訊息可能會傷害我們，或是我們一開始還無從理解，但質問其目的總是有其用處。

找到困境中的意義可以帶來安慰，因為往往正是那種不公正、無法理解且荒謬的感受，將考驗轉化為絕望。告訴自己襲擊我們的不幸，或許隱藏著一道訊息，從而轉移我們的憤怒、反感及自責來舒緩自己，並根據訊息的內容，將我們導往可能的行動。這在面對疾病時尤為有用，因為我們可以視侵襲我們（或我們親人罹患）的病症為一種資訊，指出我們的生活不在正軌上，我們內心中存有不願正視的苦痛。

疾病因此會開啟我們的雙眼，去看見**重新賦予**我們生命的**意義**。

不過尋求意義也可能造成危險。身為一名醫師，我注意到此舉對那些患病的人，還有當他們聽到有人說他們的疾病「帶有意義」時有多麼殘酷。我們應該分兩方面來看待，即疾病、殘障及困境本身並沒有任何意義。它們單純只是機遇、厄運、錯誤或我們時常無法理解的邏輯所導致。

另一方面，束縛和困難迫使我們反思自己在過往生活的所作所為，並反思我們自己在未來生活想做和能做的作為。這是它們唯一的優點，即當一切順利時，我們就任憑自己順水行舟；當疾病、殘障或困境出現時，我們需要更加主動，因為我們得逆流而行。某些人因而會對自己期望賦予自己生命的意義感到疑惑。其他人則只是自忖：「我生命的意義，就是活得盡善盡美，就是品味、探索、分享……」那些遭遇過重大困境的人，往往比那些生活舒適、缺乏困難的人，對生命抱有更豐富、更深厚的見解。

因此，這可能是一種遺產，但前提是我們身心都能在面對絕望後倖存下來。因為考驗可能會扼殺我們，或者永久傷害我們的心靈。

有時，考驗或苦痛是無法賦予任何意義的，它們似乎沒有任何能帶來正面影響或具啟發性的後果。最好就是永遠別發生這些事情這樣最簡單。但是它們既然已經發生，我們就只能被迫去執行接受的工作，以便繼續苟活。然而，在遭逢了巨大悲痛後，我們極有可能會感到置身於一個意義的荒漠之中（「活著還有什麼意義？」）。

好處

而這也就是何以我們有時會認為，經歷所有困境後，堅持不懈地重新賦予其意義是至關重要的。這或許是一種錯覺，但它能夠提供幫助和安慰。而尋求意義似乎是根植於我們大腦運作中一種普遍的心理需求。

這可能是前扣帶皮質（cortex cingulaire antérieur）的其中一個角色，這個大腦區域對不確定性或未預期事件反應激烈，從而激發壓力反應。在實驗室中，讓志願者閱讀一篇說明宇宙遵循連貫定律和規則的哲學短文，即使這些定律和規則並不總是容易理解，但會使這些志願者在隨後面對艱困任務和不可預測的反應時，減輕其壓力（前扣帶皮質激發較少反應所致）。這在具有宗教信仰的人身上也能看到同樣的結果，無論所信仰的宗教為何。因此，賦予意義會安撫我們，並溫和地將我們引向安慰。

若我們進一步探討這種撫慰的機制，就會明白，賦予困境或苦痛某種可能的意義，能夠減低痛苦情緒的強度，並增強認同一個滿意的和連貫的內在敘事（「發生了這件事是**因為**那個原因」）。重要的是，這個敘述能安撫我們，並鼓勵我們繼續生活和努力。

另一方面，這種對意義的反思最好是**內在產生**的，即來自我們內心，而不是**外部生成**的，即在錯誤時機由外界強加，或者來自於我們不認為有資格安慰我們的人，我們不會願意為這種人敞開我們心理親密和苦痛的門。

方向

還有另一種我偏好的做法，即把意義視為一個**方向**（「我的努力朝向哪裡？」），而不是一個**意義**（「這一切意味著什麼？」）。換句話說，不要在困境的成因或為何中尋找意義，而是在其後果中尋找，即現在考驗發生在我身上，我可以給我的生命賦予什麼意義？安慰將得自於投入行動和重新調整我們被攪亂的能量。在經歷疾病或事故後，我們可以重新找到生活的簡單滋味，那是我們差一點失去的。在經歷服喪後，我們可以繼續從事一些在逝者眼中有意義的行動（例如那些在自己孩子去世後創辦基金會或協會，或是參與志願服務的父母）。無論如何，重要的是等待事情重新變得可接受後，接著看看我們可能從中獲得了什麼，我們成為了一個怎樣必然不同的人。然後在那時，也就只在那時，再來尋找意義。或者不尋找也可以。

意義也能編織出一種連貫性。我們的生活有時像是一種並置，一個由不連貫和對立元素構成的混合液，如恐懼和對生活的渴望、美麗與困境，所有這些混合在一起，毫無邏輯可言。而在困境中，這種混亂會進一步擴大。所以，重新恢復一點條理確實可以減輕悲痛。

為一位朋友哀悼之後，令人絕望或令人安慰的言詞

我其中一位朋友（姑且稱之為奧古斯丁〔Augustin〕）告訴我，幾年前，他失去了他其中一位同事（姑且稱之為保羅〔Paul〕）。幾乎在他們整個職業生涯中，他們在工作上和人際上都非常親近。但在即將退休的時候，他們因為一些小蠢事鬧翻而彼此疏遠。某天，奧古斯丁得知保羅罹患癌症，正準備面對死亡。他試圖重新接近保羅，但保羅禮貌地與他保持距離，並不讓他真正重新建立連結。奧古斯丁非常難過，在保羅去世後更是如此。

奧古斯丁的妻子和一些親友試圖予以安慰，並提醒他與保羅之間的衝突，以及保羅無情的言詞，甚至還提到了一些可能不誠實的態度。但是這些話反而完全安慰不了奧古斯丁。幸好，較他倆年輕的兩名前同事猜想到他的痛楚所為何來並感受到他的需求。他們寫信撫慰他，憶起當初他們剛進公司時，奧古斯丁和保羅的友誼帶給他們多大的啟發，他們認為那段友誼是多麼美好而深厚。這些真誠的言詞正是奧古斯丁期望聽到的。安慰到他的並不是對保羅那些縱然有理的批評，而是喚起保羅諸多優點和他們友誼的美好故事等回憶。這邏輯在於，批評意欲消除憂傷的合理性，而美好的故事則允許並安撫這種憂傷。允許悲傷存在並試圖予以緩和（透過溫和而非苦澀的情感），這是一種最佳的安慰組合。對於奧古斯丁來說，這安慰為他們的友誼故事重新賦予意義，因為這不僅僅是專業能力的結合，還是兩個彼此敬重且互補的個性間的相遇。這就是為什麼在安慰剛離婚的親友時，劈頭就批評他們的前配偶往往是笨拙且輕率之舉，或許撫慰的第一步，是先矛盾承認他們之間一開始曾存在的愛情，再喚起那些曾一同經歷的美好事物的回憶；只不過這些美好事物自此已不復存在。

命運與意義：自述的故事？

相信命運和認為我們的某些困境有其意義，兩者之間的共同點是這些故事都由我們自己敘述。

在接受命運時，所敘述的是一個安撫的故事，即某些事件（如我孩子的疾病、我房子的火災）並不取決於我、取決於我的特質、取決於我的努力，因此沒必要自責。但是，它們的發生也不是純粹的偶然，所以也沒必要憂慮。這些事件單純只是由一隻高舉在我之上的手去提筆註記好的，屬於一種神祕的決定論（déterminisme），而這些事件**就是會**發生，沒必要反覆思考和折磨自己。

在尋找意義的過程中，我們自己敘述的幾乎是相反的故事，因為某些事件（如疾病向我襲擊而來、職場失敗、離婚或分手）至少有一部分取決於我，取決於我的選擇，取決於我的行為。它們的發生像是一道訊息，表示某些事情不順利；這既不是不著邊際也不是不公平，而是一種資訊。假如我更清醒或更有智慧，我或許就可以理解，並修正我的生活方式。我沒有這樣做，困境便因此來提醒我。因此，困境有其意義，而接受它可以讓我得到指導，並幫助我繼續下去，現在行動還來得及。

這是哲學家保羅・呂格爾（Paul Ricœur）將**敘事身分**（**identité narrative**）概念化為理論，即我們與自己的關係通常建立在一個敘事之上，也就是我們自己寫的一個關於我們生活的故事，至少是在我們的腦海中寫的，這故事是用諸多事件加以串連和連貫而成，而事件中夾雜著多樣的、無常的或難以理解的因果關係。但是在我們的敘事身分中，在這個「由自己敘述的我是誰」裡，我們為命運騰出空間（透過將機遇置入連貫的敘事中），也為意義騰出空間（透過將我們的選擇置入連貫的敘事中）。這讓我們好過。即便是成年人，也就是那些長得太快的孩子們，也需要自己講故事。

取決於我們的事

這是我其中一位朋友的故事，她在幾年前經歷了一段糟糕的時期，在她丈夫離開她之後，她的母親也去世了。她出現抑鬱情形，遂接受藥物治療和一些心理支持。出院時，根據她的說法，她說自己「已經康復但感到迷茫」。她的姊姊送給她一本小書《愛比克泰德手冊》（*Manuel d'Épictète*），她收到的口袋版冊名為《取決於我們的事》（*Ce qui dépend de nous*）。愛比克泰德（Épictète）是一名古代哲學家，他教授斯多葛主義，這是一個應對困境的寶貴學說。我的朋友汲取了其中的精髓：「接受那些不取決於你的事，並對那些取決於你的事採取行動。」她隨後告訴我：「我明白了我們的離婚並非偶然，我的伴侶可能本來就不是合適的人，我們也肯定沒有做出適當的努力。我們的分手終究有其意義和好處，因為分手讓我們從無法經營過於複雜，不可能修復的關係中解脫，讓我們能夠更精明一些，重新投入人生旅程，以利重返（或不要重返！）感情生活中。我也明白了母親的去世不是一個異常現象，而是合乎常軌的一個事件，儘管它令人痛苦，因為父母比自己孩子先去世是合乎邏輯的。這並沒有讓我停止傷心，但它幫助我不讓悲傷加劇。這樣來理解我所經歷的事情，使我感到舒緩與安慰，這有助於我展開人生的新頁並展望未來。而得知這些文字是愛比克泰德在近兩千年前寫下的，更是打動了我，因為它們至今仍然切中要害！」

能帶來安慰的信仰

對人類最龐大且最古老的安慰事業或許是宗教。

許多歷史學家認為，最初的葬禮儀式發生在大約六萬至八萬年前，它標誌著人類文明的開端以及最早宗教的誕生。當我們想到距今幾萬年前，我們祖先把一些物品（食物、工具、珠寶、武器）放在已逝親人的身旁，因為他們相信這些物品可以讓親人在來世派上用場時，如何能不深受感動呢？初期史時代（protohistoire）的兒童墓地，尤令人無限感傷，因為我們可以想像父母的痛楚，他們埋葬孩子的小小軀體，並用花朵或家畜陪伴孩子，這些前宗教儀式的做法或許能夠安撫他們的憂傷。宗教之所以誕生，是否部分基於安慰的需求？

當然，宗教不僅於此，它是一個大型的安慰系統。宗教也是一個理解世界、理解世界起源、理解世界未來的系統，以及一種謙卑接受世界奧祕的方式。然而，雖說宗教的釋疑作用能夠平復我們心靈中的擔憂，但能夠溫暖我們悲痛內心的卻是宗教的安慰作用。宗教給予逝者在來世一個新生命和一個更美好人生的展望，同時也將生者聚集在喪葬儀式的場合，為彼此帶來撫慰的舉止和安慰的言語。我那信仰非常虔誠的岳父曾笑著對我說，這就是為什麼他確信神並不是一位蒼白、蓄鬍且嚴肅的老先生，而是一位渾圓、笑口常開且仁慈的黑人女士，這樣的神聖形象更能安慰人心。

宗教具有心理上支持和撫慰的作用已經過許多科學研究的探究，且往往獲得認可，這些研究指出宗教的三項主要原則：

- 信仰和信念透過為困境賦予意義（「別擔心，即使你不曉得原因，但神知道為什麼會發生這件事情」），並透過所賦予的期望（「苦惱的人是有福的，因為他們將得到安慰！」），提供抗焦慮的支持。
- 與享有相同信念和相同世界觀的人構成社會連結和社群支持。
- 進行祈禱和儀式，如同經歷許多對身心有益的安撫時刻。

當然，沒有人單純只為了受益於這些安慰作用而去信仰宗教。但是，信徒們會說，假如信仰能帶來這麼多好處，這不就是走對路的徵兆嗎？

一名非信徒的故事

當我的父親在家中過世時，我們頓感無助，因為我們是一個不信教的家庭，且受共產主義思想的熏陶，後來便成為所有信仰的孤兒。而現在，我們有一具屍體，一具在家中的遺體，面對著它不知該如何處理。「遺體」，這是我們語言中最駭人的文字之一。我的母親打電話請來了教區的兩名女士，她們在我們要抬屍體時前來援助。她們握住我們的手，我們都站在床尾邊，聆聽並複誦她們的祈禱。我們從她們簡單、謙卑、強大的禱文中汲取了信念。我完全忘記那些字句，但那場景和我情感的回憶卻永遠深烙在我心裡，先是悲痛，接著得到安撫。然後透過共享的信仰所帶來不可思議的恩典時刻，縱使是短暫的，縱使是單純的，卻明顯產生了安慰。因為受到這些作用撼動，我之後便去參加了幾次彌撒，以期再次體驗信仰所帶來的撫慰，這種對我來說並不尋常的滋味。不過我的故事很快就結束了，因為我沒有那些習俗，沒有那種文化。我本來是可以努力去學習這一切，但我的生活把我帶到別的地方，而憂傷已經過去了。

所有的宗教都能夠帶來安慰，即使我在這裡只談我稍微了解的基督教信仰。在《聖經》中，我們可以找到許多對安慰的召喚，還有因為找不到安慰而出現的悲傷：「羞辱讓我心碎，／而我對此感到厭煩；／我期待一個舉動卻成枉然，／安慰者我遍尋不得。」而《聖經》中也有接納安慰的建議：「弟兄們，我給你們如此建議，要耐心聆聽這些安慰的言詞。」

依納爵・羅耀拉（Ignace de Loyola），是耶穌會（ordre jésuite）的創始人，在他的教導中廣泛發展絕望－安慰的結合概念：「期望、信仰和仁愛的每個增長，以及透過心靈的休息和心靈的平靜，來召喚和吸引天國之事與心靈幸福的整個內心喜悅，我稱此為安慰。」對於聖依納爵（Saint Ignace）來說，安慰是一個徵象，表示我們正找到通往神的道路；它不是一種狀態，而是一種動態。相反地，絕望則表示我們在偏離這條道路，縱使是非自願的，這種迷失會透過內在的分裂、悲傷、洩氣及蜷縮而表現出來。因此，絕望和安慰不僅是心理現象，也是兩種靈性狀態，並且在整個人生中緊密相連。「依納爵靈修」（exercices ignaciens）便是將心理和靈性這兩個面向結合在一起的修行。

當代基督徒提到更多的是安慰的神的形象，而不是萬能的神和修復的神的形象。

這正是保羅・克洛岱爾（Paul Claudel）這句引言之意：「神並沒有來消除苦痛，祂甚至不是來解釋苦痛的。祂來是為了讓苦痛充滿祂的存在。」信徒們認為，神並不能一直阻止我們受苦，這是顯而易見的，但祂始終與我們同在。

許多源於基督教信仰的語句是具有安慰性的文句。例如墓碑上的墓誌銘，像是詩人艾蜜莉・狄金生（Emily Dickinson）的墓誌銘：「Born Dec.10.1830, Called back May.15.1886」。**Born……Called back**，換句話說就是：「生於……然後召回於」。因此，我們並不是死亡，只不過是神召喚我們到祂身邊。亡者並沒有從我們身邊被拉走，而是被召喚到天國某處，他們在那裡等著我們。

我也喜愛《所羅門智訓》（*Livre de la Sagesse*）裡的這句話：「義人的靈魂在神的手中，任何折磨都碰不了他們。」因此，我們可以是在神的手中，就像瓢蟲在一個慈悲的人手中那樣。當我搭乘飛機旅行，然後遭遇渦流、暴風雨、強烈亂流時，我的身體會非常恐懼。而我會用我的心靈來平復自己的身體，告訴身體此刻我們正在神的手中（和全機上的所有乘客一起，但上帝的手是寬闊的）。這種方法非常有效，因為我的身體不再緊繃並在這時耐心等待，看神會做什麼。至今為止，神都盡力做到最好，每一次都平安結束，對於乘客、機組人員……還有我自己皆然。

先撇開信仰的狂熱偏執不談，信仰也會有若干麻煩之處。除了光明的那一面，信仰可能會鼓勵人們捨棄世俗和人類的安慰，而只尋求神的安慰，如在聖經《詩篇》第七十七篇中所言：「在我悲痛的時候／我尋求主。／在夜裡，我雙手堅舉不放，／我拒絕一切安慰。」對於信徒們來說，唯有神能安慰；或者，唯有神選擇透過誰或透過什麼來賜予我們安慰。

信仰也會因為沒能應驗的祈禱而導致失望的風險，從而帶來增強的絕望感和絕對的孤獨感，較無神論者更有過之而無不及，因為神不存在所以在宇宙中感到孤獨，這樣也就算了；但之所以在宇宙中感到孤獨是因為神拋棄了我們，這樣就很可怕了。然而總體來說，以最起碼的算法來看，信仰所提供的好處還是多於麻煩之處，總之這就是哲學家帕斯卡（Pascal）著名的「賭注」論證，據此可知，信仰神不但不會有任何損失，反而是全贏的局面。以下是他的論述。

帕斯卡的賭注

那就先檢視這個論點，再來說：「神存在，或者神不存在。」但我們該選哪一邊呢？理性無法決定選哪一邊，因為有一片無限的混亂把我們分開。在這個無限距離的盡頭，正進行一場賭局，結果會像是擲銅板的正面或反面。你會賭哪一邊呢？

按理，你兩邊都不賭；按理，你不能兩邊都不賭。所以，不要錯誤譴責那些做出選擇的人，因為你對其一無所知——不是；但我要譴責他們，不是因為他們做了這個選擇，而是因為他們做了選擇。因為，儘管選同樣都錯的正面或反面，他們兩邊都有過錯，正確的做法是都不賭——是的，但必須要賭；這非你所願，你已經上了賊船。那麼，你會選擇哪一邊呢？讓我們來看看。既然必須選擇，那麼讓我們看看你最不感興趣的是什麼。（……）選擇其中一個，不會對你的理性造成更多傷害，因為必須要做出選擇。所以這題就解決了。但是你至上的幸福呢？讓我們權衡一下得失，選擇正面相信神存在。評估這兩種狀況吧，假如你贏了，你贏得一切；假如你輸了，你沒有任何損失。因此別猶豫，在神存在這邊下賭注吧。

是的，努力相信神，就是同意一種撫慰的假設。事實上，我的信仰不確定且搖擺不定，但我注意到每當我再依靠祂時，我就感覺更好、更獲得安撫；可能性，單純只是祂恆常、慈愛、萬能、慧眼存在的可能性，就能讓我平復下來。細瑣煩憂之事我可以自己處理，但面對重大困境（疾病和死亡、社會的極端殘暴），祂或許存在，如此便能撫慰我。

我自己發展了許多虔誠的小儀式，我有預感許多人也會照做（我發現每次和親友聊到這個話題時都是如此）。例如，當我離開一個讓我感到快樂的地方時，臨走前，我會面對大海，或是山脈，或是森林，或是鄉間，花幾分鐘沉思，然後呼吸、聆聽、欣賞。接著我會感謝我在這段逗留期間所經歷的所有幸福，並祈求幸運能再回來一次，至少再一次。

有時在困難的時刻，當我冥想以求獲得安撫時會感到孤獨。練習的過程是孤獨的，面對困難時也是孤獨的。我懷疑心理工作無法滿足我的需求。這時，我會停止冥想，轉而祈禱。而當我祈禱時，我有一種奇怪的感覺，彷彿是在打電話給神，我在那一刻不曾收到回應，但有時感覺好像有某個人在上面拿起聽筒，默默聽我說話。當我祈禱時，是轉向一個我思念的神，而不是轉向一個啟發我的神，是轉向一個安慰我痛楚的神，而不是一個應驗我願望的神。我就是這樣一個不堅定的信徒，即努力相信神，欽佩那些堅信神的人，也理解那些不信神的人。

患者的禱告

某位老先生祈求他的健康檢查結果是正常的。他感到擔憂，覺得自己好像被拋向空中的硬幣一樣無助，而這枚硬幣即將落在正面或反面，也就是判生或判死的那一面。幾天後，報告出來了，結果不妙。於是他開始祈求後續進一步檢驗，能有正常結果，或是別太為難。但結果也是不理想。他需要接受手術。如何才能對祈禱和對神保持信心？他自忖唯有神知道什麼才是對他最好的？好吧，但他想要有一些緩刑的時間，能夠和那些年紀相仿且身體無恙的幸運兒分一點健康！無論如何，比起很多其他人，他自己也算是一個幸運兒。隨後他自忖神是聰明的，留了一些功課、一些困惑、一些不確定及一些憂心給他；否則就太容易了。他想起了一個沙漠中的諺語：「阿拉是偉大的，但還是要把你的駱駝拴在樁子上！」他自忖：「上帝會幫助你，早晚會的，但先從做你該做的事開始吧。」這位老先生是古斯塔夫．迪邦的讀者（正是他讓我發掘這位哲學家），於是他翻開迪邦的其中一本書，剛好看到這一段：「當人被要求太多時會拒絕。而神則是相反；當人祈求得不夠多時，祂會拒絕，例如物資、合情理的恩典等。」當我們的祈禱不靈驗時，或許是因為我們沒有祈求自己真正需要的？

是不是物質上過度安心而精神力量卻不夠？他決定繼續祈求健康上的幫助，這讓他感到安心，因為單獨面對疾病，他覺得自己太脆弱。但他也決定祈禱致謝，並祈求在他的信仰中獲得更多力量。他使用簡單的祈禱，言語簡短、謙卑：「感謝，請原諒，保護我，幫助我接近祢，做祢認為的好事。」他發現把他的祈禱範圍延伸，不限於他的健康，這使他覺得好過，祈禱時刻結束後他都能得到安慰。他也想起了在蕭沆作品中讀到的這句引文：「在公元二世紀一本有關諾斯底主義（Gnosticisme）的書籍中，有這樣一句話：『悲傷者的祈禱之力未曾上達至神。』由於人們只在灰心時祈禱，我們可以就此推論，沒有任何祈禱能夠抵達目的地。」老先生同意，他自忖在向神祈求任何事情之前，總該先感謝祂。應該先想到所有已經接收到的恩典，然後才期望接收到其他的恩典。他從他的祈禱小跪凳起身。什麼都沒有改變，但是他現在感覺得到了安慰。

天使的存在：幻覺與安慰

「我想知道你在哪裡。墓地、土裡、棺材，這些對我來說都不足以作為答案。」詩人克里斯提昂・博班藉此讓我們了解到，我們有和逝者繼續連結的需求。那個我們所愛的人已經死去，那麼除了讓連結保持存在外，還能做什麼呢？

當我最好的朋友死去時，我花了好幾年（而且至今仍偶爾會如此）告訴自己他始終都在，依然在我身邊，我多年來都把我所有的生活片刻獻給他，多年來都默默地向他低語：「這是我為了你而經歷的一刻，我把這一刻和你分享……」簡直是個瘋子……幸好，沒有人注意到！

想像著逝者在我們身邊，感覺到他們的仁慈，告訴自己他們繼續在幫助著我們和愛著我們，就會覺得這是多麼撫慰人心！我們知道自己可能是在自欺欺人。但不要緊，只要這能讓我們好過且自己保密就好。我們其他方面仍然正常運作，儘管我們內在顯得有點荒唐，因為我們腦海冒出聲音和幻覺，但這些都僅限於自用而已。

我們也可以想像，我們的逝者以成堆輕盈且有時成謎的形態回來顯現在我們眼前。博班對此再次加以描述：「昨天我看見了你的墳墓，不是那個你被安葬的地方（我也有見過），而是你面帶微笑不停從中現身的那座墳墓，你短暫待在一束勿忘草裡。稍晚時，我在高速公路上雨水的變幻裡察覺到你，而當我推開公寓大門時，你已經在那裡，處在一天結束時的靜默中。」

最美麗的幻象（illusion）或是最感人的幻象之所以能夠撫慰人，是因為這些幻象最無法預料，又或許是因為**空想性錯視**（**paréidolie**），那些現象促使我們的大腦為看在眼裡的事物尋找意義。這解釋了為什麼，比方說，我們會在雲中，或是在一塊布、一片拼花地板的圖案中看見形狀。大衛．賽文－薛瑞柏（David Servan-Schreiber），這位將 ω-3 脂肪酸（oméga-3）和抗癌飲食推廣普及於法國，具有遠見的精神科醫師，在他死前不久，曾請求他的孩子們在夏風輕拂他們臉龐時想起他：「那一刻的我會和你們在一起，輕擁著你們……」

「無論發生什麼事，我將永遠和你在一起」，我的任何一位親人死前，我都不曾聽過他們對我說這樣的話；現實生活並不總是像電影裡或書裡所描述的那樣。但我推測這樣的訊息一定會給人帶來不可思議的力量。之後我們會更容易感受到逝者以千變萬化的形態出現在我們身旁。我們感受到他們仁慈、充滿愛意及願意伸出援手的存在，在這情況下便形成一種極致的安慰。

據哲學家克萊門特．羅塞特（Clément Rosset）所云：「世界的沉默可能是憂心的主要源頭。」他談論的是什麼呢？他談論的是，當我們正溺水時，卻感覺世界仍繼續在運轉的那種孤獨感。這世界並不需要我們，困境提醒我們，是我們需要這個世界。但我們也需要告訴自己，有某個人在那裡，雖然今後都不在了，卻仍是無所不在，這是一位我們曾與之共同擁有愛與感情連結的人，也是一位會藉由諸多微小的跡象，或是藉由看不見但仁慈的行動顯現在我們眼前的人，如同守護天使一般。

自忖有充滿愛意的力量在看顧著我們，且盡其所能地幫助我們和保護我們，能這樣想很好。想到我們絕對不會完全孤單一人就感到撫慰。這是幻象嗎？當我們陷入悲痛時，我們有權不去問自己究竟是真是假，不去問究竟合不合邏輯，而比較會是這樣問自己：這是令人感到安慰的幻象，還是令人感到絕望的幻象？

幻象可以幫助我們走向接受困境。幻象釋放我們的能量，轉向其他心理活動，而不是轉向導致憂傷（悔憾、自責）的活動，這些活動不停追尋，寄望那已經不復存在的，夢想那已經不再是可能的。幻象有時能夠終結那些令人疲憊的反芻思考。幻象幫助我們把我目光轉向生活，轉向其他人，轉向連結……幻象保護我們免於荒誕、空泛、絕望及孤獨。

是的，我喜愛那些安慰我們的幻象。更何況，誰能跟我們證明那只不過是幻象呢？假如我們所追尋的是安慰而非真理，那又有什麼要緊呢？尼采（Nietzsche）曾寫下：「真理是幻象，但我們卻忘記真理是幻象。」幻象不是錯誤，單純只是我們內心投射在世界上的想望。正如日常用語所說的「做白日夢」（Se faire des illusions），就是將自己的想望當成現實。幻象即是一種對世界的解讀，重點是不要比它能給我們的預期更多。假如我們想要幻象轉化成現實，例如讓我們的逝者復活和消除困境，那麼失望將會到來。但假如我們承認幻象只能在不改變現實的情況下撫慰我們，那麼我們將得到安慰。

親愛的理性啊，這光輝多美

我聽著城市的喧囂
和沒有視野的囚徒
我只見敵意的天空
和我囚牢中的禿壁

白晝逝去，牢裡有這一盞
油燈燃燒著

我們獨自靜待我的牢房
親愛的理性啊，這光輝多美

紀堯姆・阿波里奈爾（Guillaume Apollinaire），
於一九一一年，在受錯誤指控參與羅浮宮
〈蒙娜麗莎〉（La Joconde）盜竊案後。

Part 7

絕望與安慰的遺產

HÈRITAGES DE LA DÈSOLATION ET DE LA CONSOLATION

兩個人陷入絕望的深處，他們在死亡逼近時，一起經歷他們若沒有悲劇或疾病情況下，或許永遠無法體驗的事情。而這是許多其他夫婦將永遠無法體驗到的。絕望為我們帶來了原本在沒有絕望的生活中絕對無法提供的事物，這就是有時絕望可怕的神祕之處。

愛情與死亡

我某位年輕的患者，幾年前因嚴重的社交焦慮而接受治療，如今回來看我，告訴我他的近況。他一開始告訴我他已經好多了，這讓我感到開心，他來這裡是想跟我談一件幾個月前在他生活中發生的一件重大變故。因為這件事讓他感到沉重，因為，雖然他就目前來說還能撐得住，但他擔心這件事會讓他崩潰。他遲遲未提到這件事的具體內容，而我突然瞥見他並不像他想表現的那樣，以及我想的那樣冷靜。他的嘴唇微微顫抖，且雙眼迷濛噙著淚水。原來他的妻子死了。她曾是他在困境中的巨大支柱，甚至在整個人生中也是如此，可能也是唯一的支柱。他長時間講述她的消逝。就在診斷出病情嚴重後，一切都去得太快，全在幾個月內發生，他停止了所有活動，只為待在她身邊，並盡力陪伴她。他對我說：「那是一段可怕的日子，死亡在那時逼近，每天都越顯具體。那死亡是真正的死亡，不是死亡的形象或恐懼，而是肉體的死亡，伴隨著持續的痛苦和身體的衰敗，每一個日常舉動都變得複雜，失去了所有力量和自主能力。但這也是一個絕對的矛盾，因為那幾個星期裡，在我們彼此交談和相互扶持之下，我們不曾如此幸福在一起過，我們不曾如此深愛彼此。我們不曾意識到我們故事的力量和把我們連結起來這股愛的力量。隨著死亡的逼近，我們不曾體驗過如此強烈的生命力，或者至少我們不曾懂得怎麼活出這種強烈生命力，怎麼感受它、怎麼表達它。」這就像是把一種最大的絕望、死亡，及最大的安慰、愛情都混雜在一起。而我的患者不曉得該怎麼應對這種巨大的體驗，儘管他從中攫取了同樣巨大的力量，但同時仍害怕會因此而崩潰。

絕望能讓我們變得更堅強嗎？

經歷過考驗後，我們總會有所轉變。不過我們會因此變得更充實、更堅強、更成長嗎？這總之是一個自古希臘時代就存在的古老觀念，如悲劇作家艾斯奇勒斯（Eschyle）所云：「**Pathei mathos**」，即智慧苦中來之意。而特別是尼采那句至理名言：「凡殺不死我們的，必使我們更強大」。我記得我的患者們非常討厭這句格言。因為就算那些困境都沒有殺死他們，卻也並沒有讓他們變得更強大，反而是使他們變得更虛弱、更受創、更難受、更擔憂、更脆弱。或者讓他們因無法變得更強大而感到糾結。此外，當尼采在《偶像的黃昏》（*Le Crépuscule des idoles*）一書中探討這個問題時，他實際上寫的是：「凡殺不死**我**的，必使我更強大」。他聲稱那只是在談論他自己和一些特殊的人士而已。

然而這種經過槌擊而得到智慧的觀念還是深植人心，亦即唯有絕望擁有足夠的力量迫使我們改變，只是同時也會打斷我們的手骨。確實，不幸有時會以一種豐厚的壓迫，一種富饒的困境等面貌展現在我們面前。哲學家西蒙．韋伊（Simone Weil）提醒說，不幸的效用在於它迫使我們正面凝視世界：「不幸迫使我們承認那些我們原以為不可能的是現實」。但這種現實也經常具有貧瘠的苦痛面貌。

若說絕望的考驗教會了我們什麼，那就是把生活建立在力量（「要堅強、表現堅強」等）上是徒勞無功的，因為建立在這種假定的堅實上，往往會在遭遇第一場重大困境時就會引爆。不過無論如何，我們確實需要力量，但我們更需要的是愛。無論是韌性、奮鬥的動機，還是單純活著的動機，最大的生活資源是愛，是接收的愛、給予的愛、待接收的愛、待給予的愛。或換句話說，面對考驗時，一切力量的真正基礎，是愛以及愛所帶來的安慰。

凡殺不死我們的，必使我們更怎麼樣？

凡殺不死我們的，有時會使我們更脆弱、更哀愁、更晦暗，因為我們不再因此信任一份無法抵抗重大困境的幸福。

或是使我們神志更清醒？淚水能讓我們更看清世界嗎？或許吧。當喜悅重返時，淚水的記憶也能給我們更真確的目光，因為我們學到了何謂真正的不幸，所以我們能夠「更佳地」幸福。於是乎，當我們稍微有點不幸時，我們就不會再以為自己非常不幸，而浪費那些幸福的良機。

最後，凡殺不死我們的，有時單純只會使我們對傷痛更耐受，在面對痛楚時讓我們的皮變得更厚。不過這層厚皮卻也成為弱化我們的一道界線，因為它雖然肯定能阻止不幸趁虛而入，但同樣也阻止我們把幸福引進，並且還阻止情感的釋放。

我們不會如此輕易地從不幸中獲得充實

或是該說，這需要付出巨大的努力；或者是因為我們對自己撒了許多大謊！這有點像我們和衰老的關係，像每個人面對衰老而試圖安慰自己的方式，即我們可以用哲學的態度來看待它，尋找它各種好的面向，看如何最適切地與之共處。但假如有誰真能夠讓衰老十年或二十年後再來，有誰會拒絕呢？同樣地，誰會拒絕回到不幸發生之前的時光？誰不願避開不幸或改變不幸的進程？然而，人生並不會徵詢我們的意見。

假如絕望無法使我們更堅強，它能使我們更幸福嗎？可能會，因為不幸的經歷時常會（藉由安慰的面貌）提醒我們幸福的必要性、滋味及價值。但是知道幸福的效用，不見得就會曉得要接納幸福或者在自己的生活中創造幸福。考驗會讓我們相信幸福是一種幸運，但也會讓我們相信這份幸運並不屬於我們。

這也是為什麼我們在每次的困境後，讓自己重新走向幸福的大道是很重要的，因為那些使我們轉變的，不僅僅是考驗本身而已，還有我們是否從中得到（或得不到）安慰的方法。我們會在後文中看到，有關所謂「創傷後成長」（croissance post-traumatique）的主題，即從一場考驗中成長的可能性，雖非顯而易見，卻總是有可能。然而，這個真理並不應強加予正陷入痛楚的人，因為這需要每個人自行去發掘，尤其是去構建的真理。

最終有這麼一個大哉問，即我們的絕望和我們的安慰，是否留下了什麼遺產？除了「教訓」或更糟的「有幸得到」外，困境與絕望，一如隨之而來的安慰，都留給了我們一份遺產。遺產，是某種我們沒得選擇而去接收的東西，通常先始於死亡、離別、喪失及眼淚。而從我們的絕望和我們的安慰得來的遺產，一如所有遺贈，它混合了悲傷和財富。當我們從絕望和安慰中獲得力量，且有空時，再由我們自己將這些遺產加以揀選，把需要的留下來。

處於緩解期（rémission）

有一名患者向我轉述了一次手術前的醫療會診：「麻醉師忙翻了，可能也不是很在行，她倉促結束互動，因為她有太多患者要看，且她的時間已經拖延。她只是幫我量血壓，

並藉由一系列規範性問題來確認我是否適合手術。」在某一刻，我跟她說我曾罹患癌症。她問我是什麼類型的癌症、什麼時候、接受了什麼治療？然後她邊低頭記錄，邊高聲道：「好，所以是癌症緩解期。」她既沒有看到我臉色蒼白，也沒有看到我正在惱火，因為她根本沒在看我，也滿不在乎。我猜對她來說，「緩解」這個詞是個好事，但對我來說卻不是，為什麼她不在她的文件上寫「癌症痊癒」呢？由於她看起來很匆忙且不稱職，甚至完全不懂心理學，我寧願別浪費我的時間，別問她任何問題，別告訴她任何事情。但我感覺不舒服。我不喜歡「緩解」這個詞，它讓我害怕。至少對患者來說，這個詞暗示著癌症會再回來。幸好，我有個朋友陪我來會診，我們原本是打算之後一起去看電影。她撫慰我，提醒我要聽腫瘤科醫師的話，而不是聽這位匆忙麻醉師的話；他們告訴我，過了五年，我不再處於緩解期（疾病有較高的復發風險），而是已經痊癒（病發風險又變成與任何其他人無異）。然後她用伍迪．艾倫式語錄把我逗笑：「生命宛如致命性病（La vie est une maladie mortelle, sexuellement transmissible）。」最後，她用這些簡單的話安慰我：「所有人終究是處在緩解期，只是有些人會知道，像你一樣，而有些人不知道，就像那些不曾得過，或還沒得過重病的人一樣。你現在得到了啟發，你在病痛的光明中前行，你知道自己腳下走的路。你懂得把生活中的所有幸福當作對過往不幸的珍貴撫慰，也懂得提前品味幸福，以應對或許會來臨的不幸。其他人處於黑暗中，卻渾然不知，他們不但不曉得所有針對自己的威脅，他們也不曉得自己能活著是多麼的幸運。你並沒有選擇，但你的生活比他們的生活還要好。」我漸漸和緩下來，呼吸又變得較為平順，而聽著我朋友的話，我注意到我的身體感覺好多了，心裡開始動搖，不再那麼相信會有最糟的狀況，因為雖然我周圍的一切都沒改變，但在我內心深處，我感到被安慰了。

我們的絕望帶來（可能）的三項遺產

從被迫脫離（détachement）到神志清醒的依附

依附是人類一種正常且適當的心理現象。我們在前文中提到了幾項原則，即一個孩子首先必須能夠在良好的條件下依附其具有父母角色的對象，以後才能在成長過程中緩緩遠離他們，尤其是能在整個成人生活中建立嶄新而不受禁錮的依附。我們的依附有些是持久的（我們的家庭），有些是來來去去的（我們的相遇）。而完全遠離不必然是脫離，因為情感的連結不適用於（或不該是）物理上的接近。

我們的依附除了是成長茁壯的根源，也會是苦痛的根源。假如這些依附過於僵化，如焦慮的依附，伴隨著對遠離（éloignement）、遺棄或失去的持續恐懼。或者假如這些依附被粗暴地剝奪，假如困境或服喪將我們與某個人或某個情境扯離；扯離（arrachement）是一種突然的、被迫的、痛苦的脫離。而我們已見識過，幾乎所有襲擊我們的絕望都可被視為是一種扯離，因為絕望總是來自不情願的損失（連結、物資、理想……）。

依附好的人事物並圍繞在我們所愛的人事物周圍是正常的，或至少是自發而自然的。不過呢，某天失去我們所依附的人事物也是正常的。在人的一生中，所有的依附終有一天都會被拆散或破碎。我們能為此做好準備嗎？

我們知道，解決方案不是永遠不去依附（這是一種有效但會使人變得貧乏的預防策略），而是要以清醒的神志來依附，要「適度地」（avec modération）依附，就像飲酒時會說的那樣。佛教哲學將依附視為苦痛的根源，並鼓勵不依附（non-attachement），我們或可以此詞稱之。不過更精準的用語或許比較會是「不執著」（ne pas s'accrocher），**而不是「不**依附」（ne pas s'attacher）。執著是在依附關係中不接受也不承受自由變動。無論如何，相較於「不依附」（non-attachement），我偏好「溫和依附」（attachement doux）或「神志清醒」（lucide）這幾個用詞，因為這是關於愛，或欣賞，而不緊抓不放。品味生命，同時接受（縱使是有點悔憾）生命將以死亡告終。

依附而不執著

如何依附而不感到憂心，並接受一切都有可能會終止？我們對自己所愛的人、物、地點、歡愉、活動的所有依附，正如同人類的存在，即因為不能保證會持續下去，所以要熱烈地加以品味。這就是當下與「Carpe diem」（直譯是「抓住今天」〔Cueille le jour〕，亦即「接受所發生的一切」〔Prends ce qui vient〕）的哲學，就像一種謹慎的預支，一種事先的安慰。這種神志清醒的依附實踐從來不是一個簡單的決定，而是一種持續的練習，一種定期的修行，例如每天都要接受脫離小事物、小物品、小習慣、小信念。接受改變想法，接受可能會犯錯，接受丟棄或捐贈那些真正不再用得到的物品，接受所愛的人可能會遠離，並經歷沒有我們參與的生活體驗，擁有其他的朋友、其他的感情和其**他的依附**。

一**次**又一次地提醒自己，（有一部分的）生活是一連串的考驗、憂傷及喪失。同時也是一連串的喜悅、幸福及恩典。我們如何經歷前者的方式會影響我們如何迎接後者的方式。因此我們該關注自己的絕望，從而突顯安慰、自我安慰及集體安慰的重要性，這如同葬禮上的安慰，即每個人都感到憂傷，而每個人都相互安慰。為生活所迫導致脫離而造成創傷，安慰便是貼在傷口上的敷料。

重要的不在於物質

我們往往躲避在堆積的物品、關係、回憶及信念之後。隨著年齡增長，假如不加以注意，我們會因為擔憂或慣性堆積這些東西。而這些物資不但幾乎無法在流逝的光陰中安慰我們，還會讓我們感到累贅。美好年代（Belle Époque）時的派頭公子哥羅貝爾・德孟德斯鳩（Robert de Montesquiou）曾於一八九三年某日，將自己的照片寄給馬塞爾・普魯斯特（Marcel Proust），並附上自己的其中一首詩：「我是短暫事物的主宰。」這是優美的文句。我們也是自己生活中那些短暫且瑣碎事物的主宰，且唯有此途，別無他法。因為這些事物像我們一樣短暫，所以不依附顯然是唯一可行的生活哲學。而困境以其粗暴的方式幫助我們理解這一點，即困境讓我們看到，我們所擁有的物品或地位，幾乎無法保護我們免於不幸。每次的失敗和每次的苦痛都應該會幫助我們抱持較疏離的目光⍰⍰⍰⍰⍰⍰⍰⍰⍰⍰⍰⍰⍰⍰⍰⍰⍰⍰⍰⍰⍰情的連結和安慰重新放在中心位置。愛，是自始至終都需要的。

關於臨終和將物資脫手的兩則故事

我們自己的物資能夠為我們帶來安慰，是在於我們使用這些物資，而不是因為擁有或堆積這些物資。這些物資的存在是為了釋放我們，而不是束縛我們。我有幾位非常親近的長者，在他們臨終之際，我得知對此態度南轅北轍的兩個案例。

她：這是一位極度憂心自己還沒充分享受人生便死去的女士；她將自己的衰老視為一場追逐競賽，她要重溫一些自認在年輕時沒能充分享受到的快樂時光，此話實不為過，因

為她人生多半是哀愁的。所以她採買、堆積、對這些物品緊抓不放。她成了無用之物的竊盜癖（kleptomane），她摸走能拿的餐館咖啡匙、玻璃杯、餐酒館的茶杯，有時甚至還會去挖掘馬路上圓環或公園裡的植物和花朵。隨著她年齡越長，她變得越是焦慮，且越是不慷慨。在她死時，身後留下了一團行政手續上**徹底的混亂，而她**生前也沒有為任何遺產轉移預做任何安排。

他：感覺到死亡將至，他表現得像一個古羅馬人，清空了他的房子，把所有的書籍和大部分的物品都捐出，為的是不要給任何人添麻煩，提前安排好葬禮和遺產的行政手續，以減輕他妻子和孩子們的負擔。而除了自行準備離開並為自己曾活過這一遭而感到慶幸之外，就沒有其他的任務了。「這最重要。」他這麼告訴我。他在臨終的病榻上，要求我為他朗讀一段優美的文章，內容講述威廉．馬歇爾（Guillaume le Mar chal）餘生最後的日子，這位在當代被公認為史上最偉大的騎士，他將其財物著手分配，並向親人交代最後的囑託。他盼能從中汲取勇氣。

我記得有一則哲理小故事，是一位義大利朋友講給我們這群老朋友聽的。有兩個孩子，一個是富人之子，一個是窮人之子，他們倆是朋友。兩人站在山丘頂觀賞風景。於是富人之子說道：「有一天，我爸爸帶我來這裡，對我說：『看啊，孩子，仔細看然後讚賞吧，因為有一天，這一切都會是你的。』」然後他的朋友，窮人之子回說：「啊，是喔，我也是吔！有一天，我爸爸帶我來這裡，對我說：『看啊，孩子，仔細看然後讚賞吧。』」現場聽眾停頓半响，並等待最終的台詞，隨即才恍然大悟，原來故事倏地結束，其實正是它的結尾高潮和故事寓意之所在。也就是在訝異後隨即感到愉悅，且意識到故事哲理的這一段時間迫使我們思考，必需品究竟要放在什麼位置？讚賞是否比擁有還來得更好？

懷舊的依附與脫離

「別因為結束而哭泣，要因為曾經擁有而微笑」，這是一個關於懷舊的座右銘，有一種苦甜參半，並混雜幸福和哀愁的情感。

在我們依附與脫離的所有親密情感中，懷舊的情感佔據了重要的位置。這是一種能帶來安慰的情感。

懷舊是否與脫離相對立？還是脫離的體現？抑或是一個定期下功夫磨練自己依附和脫離能力的契機？乍看之下，懷舊代表一種在過往中的安慰庇護所，因此是對這過往的依附。不過事情較此複雜得多。因為有研究顯示，懷舊具有一種修復和撫慰的面向，這不屬於依附

（在自己的過往），而是脫離（自己本該擺脫的哀愁）。當然，在某些條件下，似乎存在一種懷舊的藝術。懷舊對困難的現狀具有安慰作用，在於選擇回首過往美好的時刻（加以重溫時讓人覺得好過），並決定採取一個合適的視角，因為我們仍然對曾經擁有過這些美好時刻而感到欣喜，即使這些美好時刻已成為過去。在這種情況下，懷舊就像是一種和過去脫離的成功體驗。

但是，懷舊也能實現許多其他事情，例如，透過重溫過往而滋養自己、睜大雙眼審視自己、重新回味當下的強烈感受，不過這都是過了好幾年後的事情。古斯塔夫・迪邦對此說道：「遙遠的回憶比當前的存在更加鮮活，因為諸多最微不足道的生活細節，在發生當時是無足輕重的，卻在突然間產生不可思議且不成比例的意義，而這意義把這些生活細節投放到持續時間和相對時間之外。這種延遲的情感，直達生命的本源，透過告別而重生：我們會深刻地重溫我們僅粗淺經歷過的一切。」從這字裡行間，這位哲學家向我們展示，藉由回憶和懷舊，我們能夠意識到自己的人生是具有何等的稠密性，而這樣的稠密性直到當時都還是被忽略的。

在約瑟夫・凱塞爾（Joseph Kessel）的其中一本著作中，他如此描述一位老人（可能也是在描述當時已上了年紀的自己）：「對他來說，現在的生活，就是回憶。而他照著羅盤玫瑰的指向來轉動著自己的回憶。」隨著年齡增長，回憶往事和整個人生，並非是為了逃避死亡與衰老的念頭，而是提前為此安慰自己。我記得我一名年長的患者所說過的話：「還年輕時，我有的是回憶；如今，我有的是往事。」他想表達的是，隨著時光荏苒，他召喚過往零散的回憶，並予以重組成一則連貫的故事，而這種連貫性，如我們先前所說，乃是安慰的根源。我們年輕時生活在迎向未來的當前；我們年老時則生活在回首過往的當前。對未來的不確定性與憂心越強烈，我們就越需要過往的確定性和安全感。或許只要我們和自己的過往保持快樂的連結，這樣就有可能比較可以好好準備離開這個塵世？

願你的生命讓世界更美好

某天我收到一名前實習心理學家的一封信，告知我她產下一對雙胞胎：「親愛的克里斯多夫，我們的小天使們出世了！他們非常健康且我們也一切都好！願他倆的生命能讓世界變得更美好。給你一個擁抱，希望很快再見面。」一想到這兩個小人兒或許會（正如他們的媽媽所盼望那樣）讓世界變得更美好，我就不由自主感到一種全然且費解的喜悅。該如何解釋我對地球未來林林總總的擔憂，這種情緒竟能在此刻得到安慰呢？可能是因為這讓我想到，總有一天我就不會在這裡，而這些孩子將會取代我的位置，或許世界會因為他們和他們的同伴而確實變得更美好。而這個想法雖然脆弱、具假設性、不確定，但藉由母愛的支撐，遂能為我述說一則美麗的故事，讓我感到既震撼又安慰。

脫離終究是減輕負擔

我想起一位經常陪伴我們健行的高山嚮導，每次他在出發前都會檢查我們的背包，要我們把原本預計要攜帶的物品拋棄掉一半。「輕便的背包才是舒適；我們不是為了體驗舒適而去攀登高山，而是為了體驗更強烈的東西，也就是精彩的東西！」他說得對，因為我們必須不斷地減輕負擔，才能達到思想和行動的自由。但這種自由需要努力和警惕，就像美國空軍的格言所提醒的：「自由的代價是永恆的警惕。」這就是為什麼我們要鍛鍊對所有的依附和對所有的信念，保持沉靜但嚴格的警惕，因為這些心理的依附總是不斷在我們的內心重新滋生。

死亡與生活

針對和焦慮的依附（佔有）有關的苦痛，以及和寧靜的依附（品味）有關的安慰之一切省思，都引導我們去思索一個被迫發生的終極脫離，那就是與生命的脫離。

我記得曾與一位哲學家朋友討論過死亡。他模仿廣告人賈克．塞蓋拉（Jacques Séguéla）（他以前曾如此宣稱：「假如你五十歲時還沒有勞力士〔Rolex〕，那你的人生就是失敗了！」），對我說：「假如你到了七十歲都還一直恐懼死亡，那你的人生就是失敗了！」這並不是說我們要為死亡這個終極的絕望所困，而是要學習和死亡的概念共存，使我們能夠活得更好。每一份絕望，和每一場困境，一旦經歷其中，都成為強迫鍛鍊的契機，使我們以如下的精神思考死亡：即在每天生活中都想到死亡，可能會比在每天生活中都自認為不朽，更能獲致豐富的人生。

朱爾．勒納爾在他的日記中寫道：「疾病：死亡的測試。」那麼，困境是什麼的測試呢？是我們的終結，是我們的消逝嗎？不如說是神志清醒的測試吧！人生就是苦痛，且以死亡作結。一旦理解並接受這一點，我們就能轉向其他的事情。一種成熟且具有韌性的幸福便得以孕育而生、生存並綻放。一旦從諸如嚴重疾病或服喪等重大困境中脫險，就會明白我們總有一天將步入死亡，並明白人生之所以美好，僅僅因為它是人生，沒有其他必要條件。

我有其中一名患者是這麼說的：「生病提醒了我，我會死這件事情，這是我以前都會忘記的。就目前來說我逃過一劫而且還活著，但我現在篤信，總有一天這一切會終止，無論離這一天是近還是遠。我對於死亡的觀點原本只是認知，但疾病將死亡轉為一種具體的經驗。我對死亡的恐懼減少了，但我想要善用剩餘存活時間的欲望並沒有減少，無論這剩餘的時間有多長。」

衰老是學習死亡的另一種契機，亦即明智地接受我們總有一天會離開這個人生，並事先將人生盡可能加以善用。我們的社會有意消除死亡，也有意消除對死亡的準備，這準備就是身體的衰老。這種觀念是荒謬的，因為這等於是對我們禁止任何形式的預先安慰。就算是以有用的幻覺形式來安慰也好，亦即告訴自己，我們身體在衰敗就是為了離開這個軀體而在為自己做準備的。隨著身體變得越不舒適和搖搖欲墜，我們就越不會對於要拋棄這個軀體而感到遺憾。對某些人來說，因為受到疾病的影響，死亡遂成為離苦的一種解脫；對其他一些心力交瘁的人來說，死亡是對生活疲憊的一種解脫。

最後，在為我們做出有用的脫離準備事項中，還包括與「最後一次」的意識有關的安慰。我記得我從小學到大學期間，每學年的期末都會感到悲傷，因為除了可能是離別的關係，再加上沒意識到（但有強烈感受到）將有一大堆的面孔確定會從我生活中消失所導致。

在我們的生活中，有許多這樣的**最後一次**，是我們沒有意識到的，例如最後一次見到某個朋友，最後一次看見某個地方，最後一次經歷某種體驗。當我們年輕時，對此毫無所悉，或者僅有模糊的預感。但從某個年紀開始，這些最後一次的數目會以令人目眩神迷之勢攀升，沒人能再予以輕忽。所以道理就在於要去意識到我們或許正經歷著某種「最後一次」，進而停下來為此感到欣喜，並更深切地品味生活，而不是僵固在拒絕面對而憂心忡忡的心境裡。

繼續保持不死

在伊曼紐爾．卡雷爾的其中一本小說著作中，他引用了一名八歲小男孩寫給他祖母的信：「我還沒死……我繼續保持不死。」他並沒有說：「我繼續活著，我始終都還活著。」而是說：「我繼續保持不死……」這名小男孩知道他為何這麼寫，因為這是在一九三六年蘇聯的大清洗（grandes purges）時期，當時史達林（Staline）因為他那偏執狂的妄想，將數百萬的同胞送往古拉格（Goulag）和送死。每天都存在著危險。死亡在四處徘徊，只能在夾縫中求生存。

但這種情況對任何生命都是無時無刻不存在的，因為死亡總是近在咫尺，總可能發生。它就像是一個不受歡迎的訪客，就在我們忙著自己的庸碌小事時，跑來躲在客廳的窗簾後面，假如我們看仔細點，就會看到它的腳尖從窗簾底下露出來。

然而，生活中無時無刻不想著死亡實在是太困難、太令人憂心忡忡。那麼我們就來服用忘憂藥水，即讓自己從事成堆有用的活動或無足輕重的分心事務，以和這些念頭保持距離。直到死亡捉住我們，把我們咬在口中，搖晃我們的那一天……有時它會放過我們，而不是把我們吞下肚，例如從意外中死裡逃生，從大病中痊癒……抑或是我們某位親人被死亡含咬在利齒間，並拖去老遠的地方而死……我們這才明白，試圖遺忘只是緩和的手段，我們真正需要的是安慰，而不是壓抑。

當我在學生時期失去了我最要好的朋友時，死亡便永遠進入到我的人生。從此以後，我知道它就在那裡，忠實而沉靜地陪伴在我身邊。它的存在對我有所助益。當我騎上機車時，它就坐在我後座，並將雙手放在我的肩膀上。於是，我知道我每一趟行程都可能會死。我知道當我騎在巴黎的外環道上時，我就像一隻在大象和犀牛之間奔跑的羚羊，因為假如牠們偏離跑道，我就死定了。就是這麼簡單。但我也相信，這幫助我提醒自己別忘了自己的脆弱，我的功課就是在騎車時保持高度警覺而不煩躁。然後當我下車時，就把「意識到死亡」這個軟體關閉，再轉向到生活中。年復一年，這個系統變得越發完善。

可能沒有一天我不會想到死亡，也沒有一天我不努力安慰自己，並提醒自己我一直都活得好好的，我還有在呼吸。正如我的冥想導師喬．卡巴金（Jon Kabat-Zinn）所說：「只要你繼續呼吸，生活中順利的事情就會多於不順的事情。」呼吸的安慰，意識到呼吸的安慰……也就是在否認死亡和困擾於死亡之間的這第三條路，同時也是唯一的一條路，能讓我們擁有幸福且神志清醒的人生，並能從我們將來的消逝中安慰我們。

創傷後成長是存在的嗎？

一九八七年，一艘渡輪在橫渡於英國和比利時兩地之間時沉沒，造成一百九十三名乘客溺斃。隨後由一支心理學家和研究員團隊對大約三百名生還者提供援助。他們幫助那些出現創傷後壓力症狀的人，但也發現其中超過百分之四十的人並未苦於這些症狀，他們反而表示這次的衝擊，使他們對世界和生命的看法產生了有利的轉變，即他們更能品味讓他們存活下來的幸運，且感到更加幸福，與其親人的關係也更為和諧。這些成果引發了針對創傷心理影響的第三波研究，即在研究創傷後遺症和創傷後壓力症（PTSD）之後，接續研究復原和恢復（résilience），最後是研究所謂的**創傷後成長**。

創傷後成長是指在我們克服創傷經歷後，能夠依靠這段經歷來進步並過得比困境發生前還要好。因此在考驗後的重建過程大致可以分為三個階段：

1. 倖存（浮而不沉，人還處於困境之中）。
2. 重新過活（即所謂的恢復，困境已經過去）。
3. 過得更好（已將困境納入我們的閱歷中，使其更加豐富）。

這**是撫慰**性的謊言還是實話？事實上，許多研究似乎顯示，對相當多的人來說，這是一個現實。但要使不幸成為一種經歷而非創傷，必須具備某些條件，例如需要擁有個人的資源和人際關係的資源，其中包括所有能帶來安慰和自我安慰的養分。在我們行走在苦路（chemin de croix）上的每一個階段，安慰如同一隻伸向我們的援手，因為它擦乾我們的眼淚，把我們從深淵中拉出來，指引我們的步伐，若我們再跌倒，也會把我們扶起來……它教導我們耐心，使我們更能容忍漫長的重建。它教我們善待自己。當我們迷失時，安慰就像指南針，我們因而信賴別人，信賴他們的言詞、他們的建議、他們的愛及他們的感情。

本身並不是一位空想家的蕭沆（Cioran）如此提醒我們：「在精神層面上，所有的苦痛都是一種幸運；但僅限於精神層面上。」我認為不應□□□□□□□□□□偏離創傷後成長這個概念的一個訊息，而是應朝著正確的方向去尋求創傷後成長。乍看之下，通常是我們生活中具體、物質上的平靜，能夠讓我們轉向精神上的平靜。假如我們在這世上承受太多苦痛，我們就會被困在這裡，為了存活、為了恢復我們的安全感而奮鬥。精神層面的需求在某種程度上，被放到我們整個需求裡的次要行列。但是當猛烈的絕望時期過去後（如服喪、撕心裂肺的喪失、窒息般的匱乏），那麼真正的援助將來自於非物質的事物，例如愛、精神、信仰，能夠帶來安慰的幻覺，來自於我們所談論的，所有這些微弱而無形的東西。

要理解創傷後成長，也得理解支配終結與起始的心理學規則。服喪和困境經常以突然且可辨別的方式出現，但幸福的重生則是以模糊且漸進的方式呈現。因此，在困境中，人們會長期陷在裡面而無法自拔，要是我們不相信幸福是可能的，要是我們不保護幸福，要是我們不以關注來滋養幸福，則幸福的回復將變得更加緩慢。不幸則沒有這種脆弱性，也不需要這種苛求，就算我們不照看它，就算我們將目光轉向別處，它也會強加在我們身上。這也是何以我們墜落的速度往往會比重新往上爬的速度來得更快。傷痛都是來得突然，既巨大又粗暴，而好處就只是非常緩慢地回來，既脆弱又不確定。

一個經歷考驗歸來的人，一開始心懷的是，一股寧可不知其所以的苦澀滋味，也就是他不知道幸福是脆弱的，不知道我們人生中的許多目標都是微不足道的，不知道我們太常沉溺於表面現象和雙重的無知當中，包括對人的脆弱狀況以及對這脆弱之美的無知。我們理解到自己在不知不覺且不願之中，過著平庸的、表面的、平凡的生活。

在經歷一場重大考驗後，這樣的生活方式無法再吸引我們，而我們也不想再沉浸到那種生活當中。不願再重返那些有趣但無意義的活動。我們有時會發現，是我們的整個人生需要改變。或者是我們的人生觀需要改變，因為我們理解了貧乏的平庸和豐富的平庸之間的區別。在那些差點死去或目睹親人死去的人眼裡，再也沒有什麼大不了的。我們的人生是由一連串簡單的奇蹟所組成，我們唯有在理解了這點後，才能從考驗中充實自己。這是苦痛的效用（唯一但巨大！），即它讓我們睜大雙眼看清沒有苦痛的幸福。牙痛後不再牙痛，是因為牙齒被治療好了，或是牙齒掉了。這一連串的經過比那些哲學或心理學針對疼痛的長篇大論教會我們更多。對某些知識分子來說，這簡單得可憐，但對我來說，每個人都能夠上到這一課，令我感到欣喜，正如紀德（Gide）所說：「經驗肯定比建議更具教育性。」一個到地獄走過一遭的人可以毫無畏懼地展望未來，因為他看到的是餘下的人生，而不是將來的死亡。這個論理，如同天主教會早期教父（Pères de l'Église）之一，此外也是一個奇特人物的俄利根（Origène），他在當時（約公元二五〇年）如此教導：「體驗一切，取其精華。」應對並接受在我們面前所發生的一切，然後品味那些值得品味的部分。這一課經過了幾個世紀，依然能夠反映現實。

我們的安慰帶來（可能）的三項遺產

揭示相互依賴和相互依賴的運作核心：感恩

在記者伊莉莎白．奎恩（Élisabeth Quin）著作《黑夜降臨》（La nuit se lève）的結尾中，她對自己青光眼的發作加以描述，且引用了這句話：「我始終對陌生人的善意有信心」，並強調這句話可以成為視障者（她即將成為其中一員）的座右銘。不過這句話也可以成為所有脆弱但充滿信心的人的座右銘。

相互依賴既是一種現實，也是一種理想。現實是，沒有其他人，我們無法存活或成長茁壯。理想是，一旦理解並接受了這個現實，就別把這個現實當作是威脅（「沒有其他人，我什麼都不是」），而是把這個現實當作是一種幸運（「幸好有其他人，我的生活變得更美好」），並當作是一種目標（在喜悅中增加連結、增加交流、增加相互支持，而不去計算）。

當我們處於絕望時，是相互依賴透過別人帶給我們的感情援助而拯救我們。相互依賴的座右銘是：「我們單獨行動時可以走得更快，但我們一起行動時可以走得更遠。」我們可以再加入一句：「且我們一起行動時，就能在每次我們跌倒後更容易爬起來。」這是別人的安慰所帶給我們的好處，這顯示出有些事情我們是完全無法靠自己辦到的。

主宰相互依賴的情感是感恩，因為我們會意識到自己虧欠同胞的恩情，並為此感到欣喜。每一次的幸福、每一次的成功，想到是別人幫助我們一路走到此刻；所以要在我們心中和思想上感謝他們，且若可能的話，還要在現實中用言語表達感謝。感恩讓我們明白，是因為別人在以前或現在給予了我們什麼，我們的生活才能如此美好，而這份美好只會在相互依賴繼續時才能維持下去。

在絕望的時候，通常得等到我們被安慰後的第二時間才會產生感恩的心。當我們溺水時，不會立刻向救了我們並把我們帶回岸上的人說「謝謝」，我們會先平復呼吸並等回過神來。無論如何，正向心理學教導我們，感恩也是可以藉由**後天**諸多的小練習來培養。這些練習並不像表面看起來那樣天真，例如每天晚上在入睡時，仔細回想當天別人為我們做了什麼，回想別人的微笑，回想別人的建議，回想別人的幫助……。有許多針對這個主題的研究，都證實這個方法非常有效。

我喜歡這些練習，它們在當下那一刻似乎改變不了任何事情（光是做一些睡前的小小心靈練習，究竟是能夠改變什麼呢？），但可以改變我們的人生觀。不過眾所周知，這種人生觀是能夠改變一切的。

我們已意識到相互依賴是一筆龐大的財富，但我們是在經歷考驗之後，才比較容易意識到它的存在和重要性，因為在那時所接收到的幫助和安慰，會顯示出它有多麼必要。每天在內心滋養感恩，就是能做到以下事情的一種方式：去滋養相互依賴的意識，去呼吸這個意識，讓這個意識旺盛，讓自己多加留意應當傳遞出去的安慰，並在某天有需要時，讓我們能夠接收那些應當接收的安慰。

驚奇

我們已經見識到，哲學欣然教導我們，要發掘真正的幸福，經歷一場考驗或是理解到人生不乏這些專屬於我們的考驗，可能會是有幫助的。不過苦痛並不是唯一能讓我們意識到人生真諦的契機。而考驗也不是唯一會把遮掩現實的幻覺面紗，從我們臉上撕扯開來的可能方法。與其仰賴創傷後成長來重新發掘人生的意義，我們不如嘗試另一種途徑，亦即創傷**前**成長，並將惱人的「凡殺不死我們的……」以另一種說法取代：「從你的幸運當中變得更堅強，而不是從你的不幸當中變得更堅強。」要做到這一點，就必須找到在生活中哭泣和微笑的能力，以及對生活中的情感甚至是生活中的破壞感到動容的能力，如同這故事所示：「（她是）一名非常年長的女士，她的智力喪失，但記憶猶存。她把自己丈夫當成自己父親，和他說話時彷彿自己還是十五歲；而著迷的他，聆聽著無止境的初中往事、同學的往事、幾場初戀的往事，於是他發現了變成以前模樣的妻子。」

在這領域裡，我們的生活導師經常是那些充滿喜悅和對凡事都感到驚奇的人。我以前看待那些對凡事都感到驚奇的人跟傻瓜沒兩樣，這種人缺少了一樣東西，那就是神志清醒。如今我把他們當作明智的人來看待，而且他們還額外擁有一樣東西，也就是神志清醒。不過這是智者的神志清醒，而不是鬥士的神志清醒。

對凡事都感到驚奇的作家約瑟夫．凱塞爾，死在電視機前，他當時正在看一個關於洞穴探險的報導，而他最後的遺言是：「這真是太美妙了。」

有位對凡事都感到驚奇的朋友，某天他告訴我：「幸福打了我一記大耳光。」原本晦暗的他剛有了一名孩子。這孩子讓他在另一個世界裡天翻地覆，那是一個充滿喜悅和驚奇的世界，這世界是在一個與創傷壓力的機制恰好相反且對稱的機制，也就是幸福，以及突然顯現且無庸置疑的幸福所造成的衝擊（殊為罕見），經過作用之後所形成的。

對凡事都感到驚奇的皮埃爾（Pierre），是我的岳父，他小心翼翼地將所有記載喜事的剪報放進一個大的紙製文件夾內，這些喜事包括科技進展、和平協約、美化世界的事物。他還記錄了私人活動、家庭衝突的和解或家裡的各種好消息、動人的時刻。他在這個文件夾上寫著：「讓我驚奇的事物」。他投入在留神觀察這種至福（eudémonisme）的精力，不亞於悲觀主義者在細查令人憂心的跡象上所投入的精力。

隨著我越理解人生就是「受苦、受苦、受苦直到最後死去」，我也越明白，體驗這經歷的方式有許多種，有感到苦惱的方式，也有感到驚奇的方式。後者不僅比前者更明智，也更有趣。

那些對凡事都感到驚奇的人難道不曾被生活傷害過嗎？當然不是。只是他們很快就能夠自我安慰，就像迅速被心理免疫系統修復一樣，這種心理的免疫系統每天都由驚奇來滋養：「無論發生什麼事，都沒有什麼好悔憾的，這一生都會是美好的、充滿喜悅的、有趣的。」對他們來說，每一個小小的幸福時刻，都像是對過去和將來痛楚的安慰。對凡事都感到驚奇的人是得到解脫的人，他們總是能預先從挫折和苦痛中獲得撫慰，即他們總是能為當時那一刻的驚奇和幸福做好準備，因為他們不會執著於先前的、已喪失的、已過去的或已錯過的驚奇和幸福。

接受我們的傷痕，然後鍾愛這些身上的傷痕

我們可能會對於曾經歷過那些考驗而感到悔憾，因為那些考驗讓我們受傷、變得脆弱，

因為那些考驗讓我們失去了為數不少的幻覺。同樣我們可能對於曾活過而感到悔憾，因為生活令我們衰老！這是一種自然的運行，流逝的時間既摧毀了我們，也豐富了我們。這兩個過程是無法分割的；兩者對我們來說可能都是隱形的，但它們並不需要我們的目光來顯示它們的存在，無論我們做什麼，或得或失，它們都在那裡。因此，要不我們只專注於兩者其一，要不我們學習深入地看待這兩者。我們會隨著時間和考驗的經過而有所喪失，若要從中安慰自己，只需看看時間和生活同時也給予了我們什麼，這都要多虧時間和考驗的經過。

很久以前在土魯斯時，有位朋友送我一尊舊的小石膏雕像，我前一陣子調整它在我辦公室的擺放位置時，不慎把它摔落。那是一個非常簡樸的聖母立像，身負光環並著棕袍，雙手合十以祈禱。結果摔落的那一下竟然把它的頭給摔斷了。我對雕像本身，還有雕像所代表的回憶感到很遺憾。我盡量把它黏好，起初看著它的裂痕、黏膠的接合處、剝落的石膏，我感到有點惆悵。我說有點，是因為在我們的生活中確實有比一個碎裂的小物還重要的事情；但你們和我一樣，都知道我們的心靈是如何運作的。修復和黏合這尊雕像並沒有安慰到我。我曾想把它扔掉，因為與其看到一個破碎的美物，還不如乾脆不要再看到它，免得每次都會提醒自己本來可以不把它弄壞的。但是我最後沒有這麼做。於是我自忖，它脖子上的裂痕今後成了它故事的一部分，也成了它和我，我們之間故事的一部分。

這稍微讓我感到安慰。然後時間過去，並且隱密地繼續運作安慰的工程，而這安慰的工程是我已經盡力在執行的。如今，當我看著這尊一直都在我辦公室裡的雕像時，我帶著一種被安撫的目光注視它脖子上的裂痕。整個回憶更加豐富了，包括它摔落的回憶、我的小悲傷和修復它的回憶，都一起被增添到我的朋友、土魯斯，以及當時擺放它的房間的種種回憶當中。雕像的際遇每次都會提醒我一個佛教徒所珍視的無常原則，即一切都會破碎且一切都會過去。我們的命運，無論是雕像的命運還是我自己的命運，都會使我們破碎、分解，並重新成為原子和粉塵；接著又再重組成其他的東西。

在我狀況好的日子裡，我覺得這尊小聖母雕像，就算現在有裂縫修補的痕跡，它還是像以前一樣優美。那道裂痕並不妨礙雕像盡展優雅身段。或許它甚至比未受損時還更加優美。一如日本的**金繼**（Kintsugi）工藝……。

金繼的精神在於，考量一件珍貴的物品，無論是因為價值的珍貴還是歷史的珍貴，當它破碎時，我們應當仔細地修復它，但不試圖掩蓋修復的痕跡。我們反而要把修復處理得既美麗又顯眼，因為修復從此成為該物品本身的一部分。在傳統的**金繼**中，我們主要修復的是瓷製或陶製碗，即我們使用一種漆將碎片仔細接合起來，接著在漆上再塗一層以金子為基底的漆。如此便得到了修復後的物品，它們比未破碎前更為珍貴，因為那些金色細痕又再提升了物品的美感，並訴說著本身歷史的另一個篇章，以及物品主人的故事。我幾乎沒見過有其他比這更美、更有智慧且更優雅的方式來安慰因物質破損所帶來的憂傷。

我喜愛這種做法，這種做法有叫人驚奇之處，因為這與我們樂意丟棄用舊或損壞物品的時代潮流背道而馳。我也特別喜愛有時覺得自己遇到了人類版的**金繼**！這些人受生活拖磨，但他們卻成功地重新振作起來，而且沒有心存苦澀或怨忿。他們反而有所進步，同時重建了自己，擴展了自己，改善了自己。

他們重新接合自己片片破碎的人生，因為他們曾經哭泣，他們得到了安慰，他們奮力重新愛上生活和人；漸漸地，他們的心理傷痕重新被善意和智慧的金漆覆蓋，它帶著某種智慧，是一種被安慰了的智慧，是我們經常在那些曾經歷過地獄一端，卻帶著熱愛生活的渴望而掙脫出來的人身上，所碰見的那種智慧。我見到他們，全都在我的周遭，某個朋友在一次嚴重事故後瘸了腿，另一位從嚴重的抑鬱症中恢復過來，某個患者在多次住院後康復。他們原本可能會被困境粉碎。但如今他們每個人的笑容都價值千金，因為他們都已經成為了**金繼**。

無懼看待所有事情的終結

自你人生最開始的頭半年起，美麗便跟隨著你，在你人生的黃昏時刻也不願離去。而那曾刻劃你面容的傲慢時光，依然保留著你的光輝，深怕將這道光輝抹去。

無懼看待所有事情的終結。以滿意的眼睛攬鏡自照。你的百合花和你的玫瑰花並未見凋謝。而你生命的寒冬，則是你的第二春。

詩人弗朗索瓦・梅納德（François Maynard），
於一六三八年為他年輕時的愛人所寫，
這位愛人當時已另與人成婚，後來成為了寡婦，
而他仍愛著對方。

一切都未曾結束……

Aorasie：希臘人以此字指涉一位神祇的顯現，是祂消失的那一刻才為人所察覺。安慰的最初，就是一種「aorasie」，因為它從一個字、一個舉動、一段言詞、一份努力中誕生，它為我們帶來一點點好處，一種微弱而易變的好處。這種好處僅維持片刻，接著消失，然後憂傷再次襲來。

然而，這片刻讓我們能維持生活，它賦予我們一個微小且不易察覺的動力，直到下一個安慰，直到下一個幸福。

我們很少意識到這一點，因為在我們的絕望中，悲傷或擔憂佔據了我們的全部，壓垮了所有的感受能力，壓垮了察覺輕微好轉的一切能力。不過這無關緊要。只有在稍後，在我們重返生活時，才會明白發生了什麼，也就是這些片刻安慰了我們。安慰，其實和幸福是一樣的東西，只是被擋在不幸的暗光下。這是去接受任憑事物的溫柔、人的溫情、世界的美好來觸動自己，雖然我們正處於悲痛，讓一切的幸福看似無用、可笑，有時甚至會帶來傷害。

於是，安慰的搖曳光線為我們指引遠方的出口，且安慰用細微的嗓音對我們低語：「一切都未曾結束。只要一份幸福，便足以讓一切重新開始。」

而被安慰，就是願意相信這一點：是的，一切都未曾結束。只要一份幸福，便足以讓一切重新開始……

—譯後記—

唯有讓自己獲得安慰，才能振作起來……

法文譯者◎粘耿嘉

我於二〇一一年，在法國正式出道，成為一名自由譯者，並於二〇一二年以譯者身分取得法國的工作居留權。二〇一三年十月底返台奔父喪後，眼見我初確診阿茲海默症的老母生活堪虞，便毅然決然拋卻累積五年的旅法生活而留了下來，扛起照顧老母的責任。想不到我返台未及一年半，原本尚能行動自理的老母竟又意外中風併跌倒骨折，導致老母變成行動不便且無法自理的狀態。我在這段期間把生活的重心都放在老母身上，本身僅能勉強維持最低限度的翻譯、教課工作，實際上已非自由之身。長照的艱鉅任務於二〇二一年十二月初，在哀慟難捨的情緒中畫下句點，總計我以非獨子的么兒之姿獨力照護老母前後達整整八年之久。

然而在我恢復人身自由之際，卻遭全盤推卸長照責任的唯一親兄，亦即我老母的親生長子，為所謂的遺產指控為侵占、詐欺、偽造文書的罪犯，並在之後經歷一年的官司折磨。

我對此全然無法理解和接受，並且深深感到憤慨。

回想當初，我為了全家著想，放下自己的生涯、職涯規劃，想方設法讓全家不必為長照龐大的開銷操心，不必為長照的應盡作為費力傷神，結果換來的是全家欺負我一個人，把長照責任整個推卸給我，完全不須出錢出力。直等到我付出巨大且無從量化的精神體力、時間成本，悉心竭力完成長照的艱鉅任務後，這個我以為是一個家的家中，最該分擔責任的人沒有表達任何一句感謝，沒有任何一分不捨，沒有任何一絲安慰，也不管我有沒有地方住、我今後要何去何從，再不由分說糟蹋我、背刺我！

在悲慟、忿恨心理的雙重夾擊下，我想我是當時全宇宙最需要被安慰的人。我最常聽到知情的周遭親友捎來的安慰話語，不外乎：「生老病死，是人一生都會經歷的」、「媽媽生前能有你陪伴照料，她一定很安心幸福」、「你陪伴照料媽媽到最後，相信你不會再有遺憾」、「人在做天在看！」、「遲早會有現世報的！」、「以後會越來越好的」。這些字句雖然都是老生常談，卻也在某種意義上提供了堅固的支持力量。

二〇二三年九月，擬出版本書的責任編輯在了解我的處境後，將這本主題為「安慰」的著作，交付給我執行翻譯的工作。對我而言，這行為本身就是一種鼓舞，更是一種安慰。

我並沒有去諮詢精神科醫師，但是我在翻譯這本由精神科醫師所撰寫的專業內容時，也趁機從閱讀的過程中，汲取適用於我的面向和做法，讓我從生活中尋求並尋得安慰自己的方式。而令人喜出望外的是，這本著作並不會令人感到艱澀且難以消化，反而因為在字裡行間中流露出文學上的詩意，不但讓我從字面意義上獲得安慰，也讓我的心情從優美的行文中得到舒緩。

我不曉得我所接收到捎自各方親友，或是吸收到這本書裡論述的一切安慰鼓舞，是否發揮了作用，但是從我老母離世後至今三年餘，我的心境已經比較平穩，心情已經比較不容易波動起伏。我不再因為憶及自己隨侍在老母身旁多年一起對抗病魔，眼睜睜看著老母的病痛和離世，乃至於觸景、睹物思親而容易潸然涕泣；不再因為想到長期遭受無義霸凌，乃至於無情傷害而驟然義憤填膺。或許我的心理在一定程度上，已經能夠放下、釋懷了。而之所以如此，可能是時間沖淡的關係，也可能是因為我從這本著作當中，理解並體會到一個重要的觀念，亦即「人生就是一個不停在受苦的過程，唯有讓自己獲得安慰，才能振作起來，重拾自己的生活。」

Creative 198

當我們需要安慰

法國精神科醫師寫給這個世代的愛之語

填回函雙重禮
①立即送購書優惠券
②抽獎小禮物

作　　者｜克里斯多夫・安德烈 Christophe André
譯　　者｜粘耿嘉
出　版　者｜大田出版有限公司
台北市 一〇四四五 中山北路二段二十六巷二號二樓
E-mail｜titan@morningstar.com.tw http：//www.titan3.com.tw
編輯部專線｜（02）2562-1383 傳真：（02）2581-8761

總　編　輯｜莊培園
副總編輯｜蔡鳳儀
行政編輯｜鄭鈺澐
行銷編輯｜張采軒
校　　對｜黃薇霓／粘耿嘉
內頁美術｜陳柔含

初　　刷｜二〇二五年四月一日　定價：四八〇元

網路書店｜http://www.morningstar.com.tw（晨星網路書店）
TEL：04-23595819 FAX：04-23595493
購書Email｜service@morningstar.com.tw
讀者專線｜04-23595819 #230
郵政劃撥｜15060393
印　　刷｜上好印刷股份有限公司
國際書碼｜978-986-179-934-6 CIP：176.5/114000697

國家圖書館出版品預行編目資料

當我們需要安慰：法國精神科醫師寫給這個世代的愛之語／克里斯多夫・安德烈 Christophe André 著；粘耿嘉 譯．——初版——台北市：大田，2025.4
面；公分．——（Creative；198）

ISBN 978-986-179-934-6（平裝）

176.5　　114000697

© L'Iconoclaste, Paris, 2022
Complex Chinese edition arranged through Dakai - L'agence
Complex Chinese edition copyright © 2025 by Titan Publishing Co., Ltd.

版權所有　翻印必究
如有破損或裝訂錯誤，請寄回本公司更換
法律顧問：陳思成